L'EMPIRE.

CORBEIL, IMPRIMERIE DE CRÉTÉ.

L'EMPIRE,

OU DIX ANS

SOUS

NAPOLÉON.

Tome Premier.

PARIS,
CHARLES ALLARDIN, LIBRAIRE,
57, QUAI DE L'HORLOGE.

1836.

L'AUTEUR AU PUBLIC.

Si je ne signe pas mon livre, ce n'est pas à un défaut de courage qu'on doit attribuer ma réserve; mes amis le savent bien : ils m'ont vu à la tribune et dans les camps; ils ont pu, en diverses circonstances, apprécier l'indépendance de ma plume; mais je n'étais point alors, comme je le suis aujourd'hui, enlacé dans un tissu de considérations sociales que je n'ose briser. D'ailleurs, en avouant ma qualité d'ancien chambellan de l'empereur, titre dont je ne cesserai jamais de m'honorer, j'ouvre la porte aux conjectures, et les conjectures mènent souvent à la vérité.

Un de mes plus anciens amis, le bon, l'excellent comte de Ségur, que la mort nous enleva il y a quelques années, m'avait prédit que tôt ou tard je succomberais à la tentation de publier ces souvenirs. Cambacérès, depuis son retour en France, m'en pressait très-vivement : — Écrivez, me disait-il, vos *dix années de l'empire*. — Hé, mon Dieu! comment le pourrais-je, Monseigneur? lui dis-je; le public veut du nouveau, et l'on a déjà tant écrit sur l'empire! — Du nouveau? reprit l'ex-archichancelier, hé bien, ne dites que la vérité sur cette grande époque, et je vous assure que ce sera du nouveau. Deux hommes d'un caractère bien opposé, Carnot et Fouché, avaient fait auprès de moi les mêmes instances après les Cent-Jours, et je ne sais en vérité pas pourquoi. D'autres amis firent tout au monde pour m'y déterminer; je résistai toujours et je succombe aujourd'hui à la tentation, comme pour accomplir la prédiction du comte de Ségur. J'aurais pu arriver le premier, et je me présente après beaucoup d'autres; or c'est précisément ce qui me décide. Je rends justice à plusieurs ouvrages déjà publiés; mais dans aucun d'eux je n'ai reconnu l'homme du siècle, notre empereur, tel que je l'ai vu pendant dix ans. J'ai voulu ajouter quelques traits ressemblans à la peinture de cette physionomie, et ne la point isoler des hommes et des événemens au milieu desquels elle s'éleva si grande et si majestueuse.

Venu plus tôt, j'aurais été plus fécond, car j'ai pris la résolution de ne presque rien dire de ce que d'autres ont révélé avant moi.

On peut, je le crois, me suivre avec confiance dans ce labyrinthe de gloire, au milieu de ces merveilles se renouvelant chaque jour pendant un siècle de dix ans ; nous y glanerons encore plus de bon grain que si nous faisions la moisson complète d'une autre époque. Or donc si vous avez connu Napoléon et sa famille, si vous avez vécu parmi les hommes de son temps, si vous avez assisté aux pompes de sa cour, suivez-moi ; vous vous retrouverez avec ce que vous avez aimé et admiré ; si vous avez lu l'histoire des miracles accomplis par l'empereur, comme on lit les *Mille et une Nuits*, venez ; je vous initierai à quelques secrets qu'aucune publicité ne vous a encore enseignés, et vous jugerez si notre admiration pour un grand homme a pu être exagérée.

Au commencement de ce siècle, on entourait d'hommages et de respects un vieillard, doyen des Invalides ; on disait : « Il a vu Louis XIV. » Hé bien, figurez-vous l'époque où un seul homme vivant pourra dire : « J'ai vu Napoléon !... » Ce sera presque un demi-dieu pour les générations futures, avides de recueillir les paroles de ses derniers jours.

CHAPITRE I.

COMPTONS : En 1789, j'ai vu tomber la monarchie absolue, objet des méditations du cardinal de Richelieu, fondée par Louis XIV, justement surnommé le Grand, maintenue par Louis XV, et renversée entre les mains de Louis XVI... *et d'une*... En 1792, expira, le 22 septembre, la monarchie constitutionnelle, noyée dans le sang dès le 10 août précédent... *et de deux*... En octobre 1795, finit la république anarchique dont le trône fut un échafaud... *et de trois...* Au 18 brumaire an VII (10 novembre 1799), le gouvernement *dit* du directoire fut renversé par la forte main de Bonaparte... *et de quatre...* Une constitution nouvelle, ayant pour chefs trois consuls, marcha, vigoureuse et pleine de gloire, jusqu'au jour de sa mort advenue en mars 180.. *et de cinq...*

Un empire remplaça le royaume de France. L'empire tomba dix ans après sa création, sous les efforts réunis de toute l'Europe, le 11 avril 1814... *et de six...* Une monarchie constitutionnelle, octroyée par Louis XVIII, fit espérer de longs jours à ce nouveau régime.. Le 20 mars 1815 le vit finir... *et de sept...* Napoléon ne continua pas son empire absolu; il commença une souveraineté simple que sa seconde abdication anéantit le 28 juin suivant... *et de huit...* Louis XVIII revint et régna, mais non plus sur les mêmes bases que l'année précédente. Sa sagesse admirable sut maintenir sa puissance, et il expira roi. Son frère, son successeur, le meilleur des hommes, le modèle de l'urbanité française, fut détrôné après six ans de règne. On le punit comme Louis XVI des fautes du temps, et, malgré son inviolabilité consacrée par la charte, la monarchie légitime tomba avec lui, le..... je vous laisse le soin de fixer la date sur laquelle on n'est pas bien d'accord; choisissez entre le 29 Juillet, le 7 et le 9 août... *et de neuf...*

La souveraineté du peuple fut reconnue solennellement. On délégua le droit d'administrer en son nom à S. A. R. Louis-Philippe, duc d'Orléans, qui, le 9 août 1830, reçut le titre de roi des Français par mandat de la nation souveraine... *et de dix...* Quoique nous soyons à dix, faut-il faire une croix?

D'après cette énumération de gouvernemens, qui ne ressemble pas mal à l'examen que fait M. Argant des mémoires de son apothicaire, on peut juger combien de sermens de fidélité ont été prêtés. Certainement il existe encore des fonctionnaires qui ont juré d'être fidèles à ces dix gouvernemens, sans compter d'autres petits sermens transitoires comme les gouvernemens qui les ont reçus! Ainsi en advint-il en 1814, en

1815, le 31 mars et le 3 juillet, et plus récemment au mois de juillet 1830.

Plus heureux qu'un grand nombre de mes contemporains, je n'ai servi qu'un seul maître : Napoléon. Je suis venu à lui volontairement; appelé à faire partie de sa maison en qualité de chambellan, j'ai vu tout ce qu'on pouvait voir et su ce que beaucoup d'autres ont ignoré. On a beaucoup parlé de cet homme extraordinaire; et je crois qu'en général, on n'en a pas bien parlé. Deux passions ont égaré les écrivains : l'enthousiasme et la haine. Chaque jour on publie des ouvrages dont il est le sujet unique, où l'on rapporte tout à lui; ne dirait-on pas que, pendant son règne, il a seul existé? Les auteurs de ces ouvrages sont tombés dans le défaut, qu'on reproche avec tant de raison aux historiens français, de n'avoir vu dans la France que le roi. De même Napoléon, pour la majeure partie des écrivains modernes, est non seulement le pivot unique sur lequel tout tourne, mais encore ils ont affecté de négliger tout ce qui ne lui était pas personnel.

Je veux suivre une route nouvelle, et, circonscrivant mon livre dans la seule ère de l'empire, raconter ce qui s'est passé pendant les dix années qui se sont écoulées depuis le mois de mars 1804, jusqu'au mois d'avril 1814, sans néanmoins renoncer à peindre les événemens déplorables de 1815. Je mettrai en scène la cour et la ville; la France entière; les grands seigneurs et la bourgeoisie; les dames et les *demoiselles* ; les artistes, les savans, les militaires, les littérateurs, les gens de loi. Je ferai des excursions dans les diverses capitales de l'Europe ; j'en peindrai les souverains, leur famille et les principaux seigneurs de ces pays étrangers.

Je serai sincère sans que ma franchise ait rien de trop sévère : peut-être rirai-je quelquefois, car je ne saurais répondre de me tenir toujours dans les limites d'une réserve cérémonieuse, et il se pourrait que je me laissasse entraîner au désir de raconter, pour les personnes qui aiment ce genre d'anecdotes, certaines aventures galantes, scabreuses même, qui, dans ce temps, nous occupèrent beaucoup, et que sans doute la génération actuelle ignore; ce sera presque l'histoire des grands-pères et des aïeules de nos *jeunes Frances*. A ce titre, peut-être s'y intéresseront-ils!

Par mes ancêtres, j'appartiens à l'ancien régime. Les parens de ma femme me rattachent au nouveau; je suis du petit nombre de ceux qui, habitant le noble faubourg [1], ont néanmoins le droit de cité dans la chaussée opulente [2]. On m'a ouvert de bonne heure les salons de l'un et de l'autre quartier; j'ai pris part à tout ce qui les a intéressés, et j'espère que, dans ce que je vais écrire, ils rendront justice à la fidélité de mes pinceaux.

[1] *Le faubourg Saint-Germain*, peuplé de nobles familles, conserve les bonnes traditions, les manières du grand monde; et plaise à Dieu qu'il ne perde pas la fidélité due au malheur! Napoléon appelait « mes *Athéniens* » les habitans de ce faubourg auquel il donnait le titre de royaume; à sa place, je tiendrais à le conserver.

(*Note de l'auteur.*)

[2] *La Chaussée-d'Antin*, élysée de la haute banque, du grand commerce, des dignitaires de l'empire, des riches capitalistes. L'empereur disait de ce quartier: « La Bourse paie la savonnette avec laquelle je le décrasse. »

Note de l'auteur.

Je ne suis pas précisément auteur de profession, quoique je l'aie déjà été par circonstance, mais je n'ai pu résister au désir de le redevenir encore; j'ai lu tant de romans qu'on nous donne comme histoires réelles, que l'envie m'a pris de donner du vrai presque avec la forme de la fiction. Je tiens à ma manière ; je veux qu'elle soit toute mienne ; car je redouterais surtout qu'on me donnât ou qu'on me supposât ce qu'on appelle un teinturier. J'ai un avoué pour mes affaires, c'est dans la règle ; mais il serait absurde que je prisse un homme de lettres pour rectifier mes solécismes; si j'en fais, tant pis, et encore tant pis si ma phrase, de temps à autre, cloche; elle gagnera par sa physionomie franche ce que ma plume lui fera perdre de régularité et de correction.

J'ai observé, examiné de près tel ou tel événement, afin de m'en rendre bien compte. J'ai commencé par me défaire de mes préjugés, et, lorsque j'ai eu mis devant moi le papier blanc sur lequel j'écris, je me suis dit : Je n'y inscrirai que des faits vrais.

J'aurais pu commencer ce recueil de mes souvenirs avec le siècle : je ne l'ai pas voulu ; je trouve que l'on gagne à circonscrire le cercle que l'on veut parcourir. Plus la carrière est vaste, plus il doit y avoir de vide et de lassitude; d'ailleurs, il y a quelque chose de vif à se jeter ainsi au milieu des événemens, à débuter lorsque déjà la bataille est fortement engagée. Je suis certain que le lecteur m'en saura gré.

Après y avoir mûrement réfléchi, je me suis déterminé à taire mon nom; et, afin que ce voile soit levé difficilement, je ne ferai pas connaître l'époque précise à laquelle je fus appelé à remplir les fonctions de chambellan; cette réticence me permettra de donner à la naïveté de mon récit, cette vigueur, cette clarté auxquelles s'opposent tant les règles de l'urbanité française, les convenances et même les préjugés. Il est impossible de dire la vérité en toute occasion, comme par exemple de certifier les bruits qui ont couru sur M. de L..., touchant ses rapports avec la police impériale; comment signaler les galanteries de mesdames A....., B....., C....., D....,

E...., F....., et autres, si mon nom se trouvait accompagné de mes titres et de mes qualités au frontispice de cet ouvrage? Je préférerais cent fois être rangé au nombre des conteurs ennuyeux, plutôt que de me montrer historien parfois trop véridique : je ne signerai donc pas, et tout le monde y gagnera.

Quant à vous, mon amie, qui verrez pour ainsi dire, au bout de ma carrière, s'éveiller en moi une sorte de vanité qui y sommeillait depuis long-temps, la vanité d'auteur, je vous charge de tout le poids des reproches que j'aurai peut-être encourus en cédant à cette fantaisie. Quand je songe que je vais me trouver face à face avec le public, que je serai justiciable du premier juge, moi qui, jusqu'ici, me suis borné à faire partie de la puissance qui juge tout en dernier ressort et dont la volonté expresse casse souvent les arrêts rendus sous l'empire de la passion! En vérité, je me sens saisi par un frisson mortel.

Moi, écrivain.... Vous le voulez!... à mon âge, c'est réellement folie.... N'importe, j'en ai pris l'engagement, je le tiendrai; je n'ai d'ailleurs aucune prétention; les gens de ma sorte se rendent compte de ce qu'ils ont vu, des impressions qu'ils ont reçues; ils analysent leurs sentimens, leurs sensations; à la bonne heure; mais il ne font pas de la littérature proprement dite, et cela par une bonne raison, c'est qu'ils en sont incapables.

Je n'ai, en composant ce qu'il me plaît d'intituler : *L'Empire, ou dix ans sous Napoléon*, d'autre but que de fournir des matériaux aux écrivains de profession; je mettrai sous leurs yeux avec exactitude ce qui aura passé sous les miens. Je ne rapporterai les faits qu'après m'être assuré de leur exactitude; car, je le répète, s'il me fallait écrire comme le *rédacteur du Mémorial de Sainte-Hélène* ou comme *M. le valet-de-chambre Constant*, j'aimerais mieux aller chasser la grosse bête, pêcher dans un étang, ou lire des traités de philosophie de MM. Cousin et Guizot.

Cela dit, sans autre préambule, j'entre en matière.

Je ne savais pas pourquoi madame de Brissac

me priait de passer chez elle ; nous nous étions vus beaucoup avant la révolution, chez la duchesse de Villeroy, chez l'excellente princesse de Chimay. Le tourbillon révolutionnaire nous avait séparés, et ce fut avec une vraie satisfaction que nous nous retrouvâmes, un beau soir, chez le citoyen second consul de la république française. Au commencement, ma chère amie, lorsque des gens de notre bord se surprenaient en flagrant délit chez des gens de dessous terre, on s'abordait comme le renard de la fable, la mine honteuse, la contenance embarrassée, enfin avec une sorte de dépit qui, du premier instant, établissait, d'une manière victorieuse, combien peu on se croyait là dans sa sphère naturelle.

La bonne duchesse (bonne est ici par antiphrase), dès qu'elle me vit chez Cambacérès, se mit à me parler *lois et indemnités*. Je lui répondis *forges* et *radiation* de la liste des émigrés; ce terrain déclaré neutre, nous nous y établîmes.

— Q'allez-vous faire, marquis ? me dit madame de Brissac avec l'air du plus parfait intérêt; jamais curiosité ne fut mieux déguisée.

— Hélas! répondis-je, je n'en sais rien, je suis encore tout étourdi, ou comme l'oiseau sur la branche; ce monde est tout nouveau... Un pêle-mêle d'assassins et de victimes, de voleurs et de volés; de gens débusqués en présence de ceux qui les débusquèrent; singulier cahos!

— Le premier consul appelle cela fusion, et à une syllabe près, la chose est vraie; la confusion est sans pareille.

La céleste générale S... entra, et madame de Brissac — vous savez comment elle est faite — l'ayant toisée de la tête aux pieds :

— Quelle tournure! me dit-elle tout bas; vraie vivandière endimanchée.

— Vivandière soit, madame la duchesse; si Bonnard, Pezay et le gentil Bernard vivaient aujourd'hui et la voyaient, je gage qu'ils l'inviteraient aux fêtes de Cythère.

Cela fit rire madame de Brissac qui me dit :
— Tout ce que nous voyons ne vous semble-

t-il pas bien étrange? n'est-ce pas le jeu de notre enfance : *Ote-toi de là que je m'y mette?*

— Oui, jeu pour nous ; mais il y a au fond de cela une cruelle réalité ; on nous a chassés, maintenant on nous fait en outre payer l'amende ; qu'allons-nous devenir ? On dit qu'il veut une couronne fermée.

— Quoi ! le bandeau des rois sur le front d'un soldat.

— Hélas! oui, Madame, on en parle beaucoup ; on dit tant de choses incroyables.

— Il se ferait roi...?

— Empereur, plutôt.

— C'est un rêve ?

— C'est une réalité.

— Et vous en êtes sûr?

— On me le mande de province comme chose certaine.

— De province!... On sait donc là bas ce que nous ignorons ici.

J'allais répondre, lorsqu'à deux pas de moi,

le maigre Carlotti [1], lui que tout l'empire et une partie de la restauration rencontraient partout excepté chez lui, dit au comte Dubarry d'Hargicourt [2] : — La nouvelle est certaine.

Je vis Dubarry, l'honnête homme, cacher son visage dans ses mains ; puis il leva les yeux

---

[1] M. Carlotti, gentilhomme languedocien, de l'Albigeois, prétendait être originaire d'Italie. Il a été très-connu à Paris où il est mort avant la révolution de 1830, laissant une famille estimable et peu heureuse.

(*Note de l'auteur.*)

[2] MM. Dubarry, très-bons gentilshommes quoi qu'aient pu dire leurs ennemis, étaient trois frères. Le comte Jean, dit *le Roué*, mort avec tant de courage sur l'échafaud révolutionnaire ; le second, le comte Guillaume, qui épousa en secondes noces la trop célèbre amie de Louis XV ; il avait déjà de son premier mariage un fils encore vivant, colonel, chevalier de Saint-Louis et officier de la Légion-d'Honneur ; le troisième des frères Dubarry était le comte d'Hargicourt, surnommé *l'honnête homme*, mort vers 1818 ; il n'eut pas d'enfant de son premier mariage avec mademoiselle (le nom m'échappe). Il se remaria après la première révolution avec mademoiselle de Chalvet, contemporaine célèbre par sa beauté, son esprit et sa fidélité... De cette union naquit une fille unique, mariée au comte de Narbonne Lara, et dont il y a postérité.

Note de l'auteur.

au ciel et sortit précipitamment du salon......
Désirant vivement de savoir la cause de cette
douleur soudaine et de la fuite qui l'accompa-
gnait, je fis un signe à son interlocuteur qui,
pour venir à nous, contourna le jeune Armand
de Rastignac [1] et le vieux comte d'Escherny [2];
il fit ses prosternemens d'usage aux pieds de
madame la duchesse de Brissac, et, comme en

---

[1] Frère du pair de France de ce nom. Il a rempli sous
l'empire diverses missions importantes avec autant de dévoûment que de probité.
Note de l'auteur.

[2] François-Louis d'Escherny, comte du saint-empire,
chambellan du roi de Wurtemberg, né à Neufchatel, en
Suisse, en 1734, fut l'ami de Jean-Jacques Rousseau, qui
parle souvent de lui dans ses ouvrages. Il a publié divers
écrits, entre autres : *Tableau historique de la révolution;
Mélanges de Littérature, d'Histoire, de Morale et de Philosophie*, trois volumes in-8°. Il habitait Paris, où il était très-
aimé de la bonne compagnie; il y mourut en 1815, laissant
un fils marié et qui a des enfans. Il était bon musicien et
grand amateur de littérature; il travaillait, au moment de sa
mort, à un livre sur le *Moi humain;* sa famille en a sans
doute conservé les manuscrits. J'ai eu le bonheur et l'honneur d'être compté au nombre de ses amis.
Note de l'auteur.

vertu d'une autre de ses habitudes, il se perdait dans l'ampleur de ses complimens :

— Mon cher, lui dis-je, que contiez-vous donc à d'Hargicourt, qui l'a fait fuir aussi vite qu'un lièvre.

— Ne le savez-vous pas, M. le marquis, ni vous non plus, madame la duchesse? et nous lui vîmes prendre un air de circonstance; il poursuivit : Ce matin, 21 mars, à six heures, dans les fossés du château de Vincennes, monseigneur le duc d'Enghien a été fusillé.

A cette nouvelle si affreuse, si imprévue, tombant au milieu de nous sans aucune préparation, un cri d'horreur nous échappa, cri que la duchesse étouffa dans son mouchoir et que je retins en pressant mes gants sur ma bouche. Carlotti nous quitta, il avait produit son effet... et en vérité son absence nous soulagea.... Nous nous entre-regardâmes, madame de Brissac et moi ; nos yeux étaient pleins de larmes, et, d'une voix étouffée : — Au nom de Dieu, me dit-elle, emmenez-moi hors d'ici, ou je vais faire un éclat ; mes forces m'abandonnent.

Je lui offris mon bras, non moins anéanti qu'elle; ses gens l'attendaient avec les miens; nous montâmes dans sa voiture, gardant toujours un silence de stupeur; enfin, lorsque le bruit des chevaux et des roues nous eut séparés de l'univers entier, nous recouvrâmes la parole. Vous devez concevoir ce que nous pûmes nous dire; toutefois, nous devions croire le Carlotti bien instruit, car il voyait les quatre parties du monde. Mais monseigneur le duc d'Enghien à Paris, jugé, condamné, exécuté avec cette rapidité inconcevable : quel impénétrable mystère! Lui, prisonnier à Vincennes, et personne ne l'avait su; comment y était-il venu? qui l'y avait amené?—Ces questions-là et nombre d'autres, que nous ne pouvions résoudre, nous occupaient encore lorsque nous descendîmes chez madame de Brissac. Je l'accompagnai dans son appartement; à peine en eûmes-nous franchi la première salle, que des cris déchirans nous saisirent au cœur; nous nous précipitons vers la chambre à coucher.... Il y avait là, éperdue, accablée, délirante, madame la princesse de Rohan-Rochefort, son mari, la princesse Clémentine, sa fille, qui, avec M. de Brissac se livraient à toute l'amertume de leur désespoir; ils ne nous confirmèrent que trop l'horrible, l'atroce nouvelle; ils venaient de l'apprendre et s'étaient réunis pour déplorer cet irréparable malheur; mes larmes se mêlèrent à celles de cette noble famille. Madame la princesse de Rohan était sœur de madame la duchesse de Brissac; l'infortuné qui venait de périr d'une mort si déplorable avait épousé depuis peu, mais en secret pour se conformer aux lois de l'étiquette[1], la princesse Charlotte de Rohan-Rochefort, fille, sœur et nièce de ceux qu'un si rude coup venait de frapper avec tant de violence.

On donnait bien des détails, mais ils étaient confus et la plupart mensongers, comme je le prouverai bientôt en rapportant une version qui trouva créance dans le temps. La voix publique accusa d'abord M. de Caulincourt, le général Ordenaire, Murat, alors gouverneur de

---

[1] Le prince de Condé, aïeul du duc d'Enghien, avait épousé en premières noces la fille du prince Rohan de Soubise. *Note de l'auteur.*

Paris, le général Savary, Hullin, le ministre de la justice, ayant alors la police générale dans ses attributions, et enfin M. de Talleyrand. La fatale nouvelle se répandit avec la rapidité de l'éclair ; ne sachant précisément à qui s'en prendre, il était naturel qu'on s'en prît à tout le monde; elle absorba à elle seule l'attention publique; elle fit diversion aux bruits relatifs à la fondation présumée de l'empire et même au procès de Georges, de Pichegru et de Moreau. Quand on cherchait quelle avait pu être la cause d'un pareil attentat, l'esprit se perdait dans de vaines conjectures; pendant plusieurs jours il fut facile de lire une expression d'inquiétude vague et triste sur le visage même de ceux qui s'étaient le plus franchement ralliés au gouvernement de Bonaparte; partout on répéta ce mot si connu : « C'est plus qu'un crime, c'est une faute ; » mot profondément vrai et que l'on attribua, les uns à Fouché, les autres à M. de Talleyrand.

Il était une heure du matin lorsque je sortis de l'hôtel de Brissac; d'épaisses ténèbres enveloppaient Paris; il pleuvait; un ouragan d'une rare violence tourmentait les régions de l'air; je vis plusieurs patrouilles, tant à pied qu'à cheval, qui parcouraient mystérieusement les rues silencieuses; on arrêtait les piétons pour examiner leurs papiers, on laissa passer ma voiture sans me soumettre à la même cérémonie.

Dès le matin, je courus chez mes amis de l'ancien régime, chez mes connaissances du nouveau; ceux-là, plongés dans une consternation profonde, me questionnèrent les premiers, au lieu de me fournir des lumières que je leur demandais. Ceux qui auraient pu parler gardaient un silence qu'expliquait leur effroi. Les gens du jour, chez lesquels j'allai ensuite, se contentaient, pour toute réponse, de lever les mains au ciel et d'abaisser les yeux vers la terre. Le sénateur Desmeuniers, brave homme au fond, mais si faible... si faible... au lieu de me répondre, sonna ses domestiques, fit bassiner son lit, et, me suppliant de lui pardonner s'il s'échappait ainsi, se contenta de me dire : « J'ai la fièvre. » Et, en effet, il avait l'air tout tremblant.

Indigné de cette pusillanimité, je me rendis chez son collègue Grégoire, l'ancien curé d'Enberménil; c'était la révolution incarnée dans la prêtrise; homme d'énergie, mais susceptible d'erreurs, vertueux et fanatique, républicain par caractère, indulgent par réflexion, Grégoire, passa trente ans de sa vie à gémir en secret de ses extravagances de 1793, sans que jamais son orgueil lui ait permis d'avouer son repentir. Il vient de mourir d'une mort digne de Satan, comme s'il eût persisté dans son impénitence finale. Je le connaissais depuis l'assemblée des États-Généraux; sous la terreur, il m'a sauvé la vie ainsi qu'à beaucoup d'autres; mais je n'ai jamais oublié ce bienfait, et, quelle qu'ait été sa conduite, je ne puis m'empêcher de blâmer ceux qui se sont affranchis envers lui des devoirs de la reconnaissance.

— Que savez-vous? dis-je au sénateur-abbé, en l'abordant.

— Qu'il y a depuis hier un martyr de plus dans le ciel, peut-être sur la terre un héros de moins.

Après un court moment de silence, l'abbé reprit en citant avec un profond soupir ce vers si connu de *Britannicus*.

Toujours la tyrannie eut d'heureuses prémices.

Il était facile de voir où allait l'allusion. Assuré que je l'avais saisie, il poursuivit : Cet homme ne peut plus se contraindre; il nous marque de son sceau; qui de nous maintenant pourra se flatter de conserver sa tête; quelle réputation, quel rang l'arrêtera? Monsieur, on va donner vingt causes diverses à la mort atroce du duc d'Enghien; il n'y en a qu'une seule et réelle, et chacun passera à côté sans s'en douter. Bonaparte veut être empereur, pour cela il lui faut des suffrages; maintenant ceux qui lui refuseront le leur sauront de quel bois il se chauffe. La terreur des massacres de septembre 1792 fonda la république, je l'avoue à regret, moi qui l'aime; mais la vérité avant tout. La terreur que répandra le meurtre de ce prince, celle qui résultera du dénoûment du grand procès qui s'instruit, fonderont le trône de Bonaparte; au surplus, je ne sais rien de particulier relativement à la mort du duc d'Enghien. Si vous revenez me voir dans quelques jours, peut-être pourrai-je vous en dire davantage.

Je ne fus pas plus heureux auprès de messieurs Becquey¹, Royer-Collard² et l'abbé de Montesquiou ³. Ce dernier pâlit de peur en me voyant ; je crois en vérité qu'il me prit pour un gendarme. Il n'avait pu oublier le rôle que Louis XVIII lui avait fait jouer naguère auprès du pre-

---

[1] M. Becquey, légitimiste dévoué, fit partie du comité royaliste pendant la révolution. Louis XVII l'en récompensa en le nommant directeur des ponts-et-chaussées ; il conserva cette place jusqu'à la révolution de 1830.

[2] M. Royer-Collard, autre membre du comité royal et père de la doctrine, déplore aujourd'hui les enfans qu'il s'est donnés : il les voulait fidèles, ils sont devenus..... il ne parle plus ; puisse son silence être la leçon des rois !

[3] L'abbé, duc de Montesquiou, se fit aux états-généraux une réputation d'habileté qu'il soutint médiocrement en présidant plus tard le comité royaliste, et qu'il perdit en entier quand il devint ministre de l'intérieur en 1814. Les grandes récompenses qu'il reçut de Louis XVIII n'attestèrent qu'une seule chose, la générosité de ce prince. L'abbé de Montesquiou est mort presque incognito, vers l'époque de la catastrophe de 1830.

Note de l'auteur.

mier consul, et il craignait que celui-ci ne se le rappelât dans cette fatale circonstance. Je retrouvais dans cet agent royal le tome second du sénateur Desmeuniers. M. Royer-Collard avait l'impassibilité du sage ; je vis dans son attitude calme, comme une traduction vivante de l'*impavidum ferient ruinæ* d'Horace, l'homme que la chute du ciel ne saurait ébranler, parce que sa conscience est en dehors et en dessus de toutes les commotions de la nature. M. Becquey, en proie à la plus vive douleur, la manifestait par d'abondantes larmes ; il demandait vengeance à Dieu, il l'attendait des rois de l'Europe ; croyant dans la candeur de son ame que la politique ne pouvait pas dévier des lois de l'honneur.— Les souverains, disait-il, ne peuvent laisser un pareil crime impuni.

— Les souverains ! répondis-je, ils enverront des ambassadeurs pour assister au couronnement de Bonaparte.

— C'est impossible !

— Eh ! Monsieur, qu'ont-ils fait pour Louis XVI, pour Louis XVII, pour la reine de

France, archiduchesse d'Autriche, pour la sainte madame Élisabeth..? rien... et ils feraient davantage pour un prince si éloigné du trône! Peut-être bien leur audace ira-t-elle jusqu'à échanger quelques notes diplomatiques ; les souverains subiront le châtiment que Dieu leur inflige, et ils ne l'ont que trop bien mérité pour avoir abandonné Louis XVI et sa famille.

Le temps n'est venu que trop promptement désiller les yeux de M. Becquey, et bientôt les prévisions de l'abbé Grégoire se réalisèrent. Diverses révélations avidement recueillies ont porté quelques lumières dans l'affreux mystère de la mort du duc d'Enghien; mais ce sera encore longtemps un sujet de controverse ; de trop puissans intérêts pouvant être compromis, et d'ailleurs la vérité est de toutes les puissances légitimes la plus difficile à replacer sur son trône, quand il a été occupé par une longue dynastie d'erreurs. On sait seulement, comme une vérité incontestée, que tous les conseillers de Napoléon trempèrent plus ou moins dans le crime. Pour moi, historien fidèle et heureusement désintéressé dans la question, je rapporterai rapidement les bruits qui furent alors accrédités.

Dans les pièces du procès de Georges Cadoudal, il était fait mention d'un inconnu mystérieux qui jouait un rôle dans la conspiration. Était-ce Pichegru ou Moreau? peut-être étaient-ce l'un et l'autre. On se livra à toutes les perquisitions usitées en pareil cas. Un misérable vint trouver Fouché et lui dit :

— « J'ai à vous faire une révélation importante, mais il me faut cent mille francs.

— « Soit, répond Fouché, vous les aurez.

— « Qu'on me les remette.

On les lui remit; alors il dit :

— « Je suis le maître d'un hôtel garni; il y a plusieurs mois qu'une dame est venue prendre chez moi un assez bel appartement; il a deux issues; deux escaliers y conduisent; il y a deux chambres à coucher principales; cette dame, qui fait de fréquentes absences, conserve toujours son appartement, quoique le loyer en soit fort cher. Elle habite une des deux chambres, et l'autre est pour son beau-frère ; celui-ci, homme de bonne mine, d'environ trente ans, ne sort presque jamais ; quelques personnes viennent le visiter, et lui témoignent un respect extraordinaire. Ma fille en traversant un jour sa chambre, au moment où il venait d'en sortir, vit briller quelque chose sous un fauteuil ; elle se baissa et ramassa les débris d'un verre de cristal semé de fleurs de lys, et orné d'armoiries surmontées d'une couronne aussi de fleurs de lys ; les voici [1]. »

Ce misérable remit les débris du verre à Fou-

[1] Nous n'avons pas besoin de dire que nous ne rapportons cette version et les détails qui vont la suivre que comme une fable qui eut cours dans la bonne compagnie. On comprend assez, que si le personnage mystérieux eût été le duc d'Enghien, il n'eût pas commis l'imprudence d'avoir un verre fleurdelysé et à ses armes ; mais l'erreur même appartient à l'histoire, elle a sa place dans la réalité de la vie humaine, et nous l'admettons ici comme un fait qui n'est que trop incontestable.

Note de l'éditeur.

ché, qui n'avait pas alors la police et qui manœuvrait pour y rentrer, puis il continua :

« Ce monsieur voit peu la dame, il mange seul, et, par une fenêtre située vis-à-vis des leurs, j'ai vu, elle debout, le servir pendant qu'il mangeait. Voilà deux mois que ce monsieur n'est pas venu ; tout à coup la dame arrive m'annoncer le prochain retour de son beau-frère ; on prépare l'appartement... Georges est arrêté et Pichegru avec... Aussitôt la dame paie le terme, me rend les clés, part, et depuis je n'ai pas eu de ses nouvelles. »

Fouché en présence d'une déclaration pareille crut voir les cieux ouverts ; d'abord il s'imagina que ce mystérieux inconnu était le duc de Berry, mais les morceaux de verre, restaurés avec soin, montraient les armoiries de la maison de Condé, *le bâton de gueules sur le champ de France*, au lieu de *la bordure engrêlée de gueules* que l'on eût présentée si c'eût été celui du plus jeune des fils du comte d'Artois.

On crut bien réellement alors que le duc

d'Enghien venait de temps à autre à Paris. On sait maintenant qu'il n'y revint jamais depuis son émigration, et que même il n'entra pas dans la ville le jour où il fut conduit à Vincennes, ainsi que je le dirai plus tard. Quoi qu'il en soit, on crut à sa présence, et on dut tout naturellement en chercher le motif; voici ce que, selon les *on dit* du temps, Fouché recueillit par suite des perquisitions de ses agens :

Le prince encore jeune, quoique loin de l'adolescence, prenait plaisir, avec la princesse Charlotte de Rohan-Rochefort, à venir voir à Paris la sœur bien-aimée, le père, la mère et les parens de sa noble compagne. Deux fois ce voyage imprudent avait eu lieu ; on en préparait un troisième, et une dame amie de la princesse Charlotte, madame C... B... jouait le rôle de la belle-sœur, et la princesse habillée en homme celui de jockey. On se disposait donc une troisième fois à braver la police, lorsque l'éclat de la conspiration de Georges fit pressentir le péril auquel le prince s'exposerait en faisant ce voyage téméraire ; on le contremanda.

Le vil maître de l'hôtel, qui n'avait rien dit tant que ses chambres furent louées, trahit ses locataires aussitôt qu'il eut perdu l'espoir de les avoir encore pour hôtes. Il résolut de vendre à la police un secret qui ne pouvait plus lui être d'aucune utilité.

Fouché, de son côté, mu par une ambition sans bornes, vit dans cette révélation, qu'ignorait Reinier, les matériaux qui, habilement mis en œuvre, l'aideraient à reconstruire son ancien ministère. En conséquence il arrête son plan, le mûrit, et, le mettant à exécution, il accourt armé de toutes pièces auprès du premier consul : il lui fait voir ses ministres aveugles, impuissans; lui seul a les yeux ouverts sur les intrigues qui menacent Napoléon; enfin il a acquis la certitude qu'un prince français devait se mettre à la tête de la conspiration découverte; il accumule les preuves; il indique où le prince a logé dans ses divers voyages; il présente les débris du gobelet fatal, et, au lieu de dire la vérité et le motif réel des voyages, calomnie un innocent et le peint le poignard à la main prêt à assassiner le premier consul. Ceux qui, comme moi, ont bien connu Napoléon peuvent seuls apprécier avec quelle attention pénible il écouta le récit mensonger de Fouché. Il frémit du danger qu'il avait couru, s'indigna de cette haine invétérée que lui portait le duc d'Enghien, et se demanda si, lui à son tour et pour sa légitime défense, il n'avait pas le droit d'opposer la force à la perfidie, d'avoir recours, s'il le fallait, aux mêmes armes dont on voulait faire usage envers lui, c'est-à-dire d'attaquer le prince au lieu de sa résidence habituelle, comme ce prince serait venu le frapper dans Paris.

Telles durent être les réflexions sinistres qui s'élevèrent menaçantes dans l'ame de Napoléon contre l'infortuné duc d'Enghien. On leur donna une autre cause, encore bien plus extraordinaire, vraiment, que tout ce qui précède relativement aux rapports de Fouché. Voulant tout dire, je n'omettrai rien de cette fable aussi singulière que curieuse et qui fut accueillie par la crédulité d'une foule d'esprits sérieux, tant il est vrai que le merveilleux a toujours des charmes. Comme d'ailleurs cette historiette est un peu longue, j'en ferai le sujet du chapitre suivant en conservant à mon récit le ton de vérité qu'on lui donnait alors.

CHAPITRE II.

Depuis deux ans, à peu près, il n'était bruit dans les salons et dans les journaux que de deux jeunes merveilles qui se disputaient à la Comédie-Française la prééminence de l'art; l'une, avec de belles formes avait un visage désagréable, mais dont la laideur disparaissait par l'expansion de son ame et les intonations puissantes d'un organe mélodieux, interprète d'une vive sensibilité. Jamais une Phèdre plus passionnée ne récita les beaux vers de Racine. On sait que ce rôle de Phèdre était, comme on dit dans le monde, le triomphe de mademoiselle Duchesnois[1] : elle y captivait les suffrages unanimes d'un public encore difficile.

Sa rivale, brillante de tout l'éclat de la beauté, douée d'une taille admirable, d'une figure expressive en même temps que régulière, avait reçu en partage tous les trésors de la jeunesse, de la fraîcheur et de la santé; elle prêtait tant à l'illusion par ses charmes ravissans, que, par suite d'une injustice trop commune, on lui accordait moins de talent qu'à mademoiselle Duchesnois, comme pour se dédommager de l'admiration qu'elle imposait, et qu'à des titres divers on devait également à ces deux grandes émules. Depuis, la réputation de mademoiselle Georges a toujours été en augmentant, tandis que celle de mademoiselle Duchesnois, n'étant pas suscep-

[1] Cette actrice recommandable est morte dans une misère complète en 1835, abandonnée du gouvernement qui ne lui accorda que d'insuffisans et de trop tardifs secours.
Note de l'auteur.

tible d'augmentation, n'a pas été exempte de quelque diminution[1].

Les hommages ne manquaient pas à la superbe Didon, à la majestueuse Sémiramis; les grands seigneurs étrangers, les hauts fournisseurs français, nos fonctionnaires importans, formaient autour d'elle une cour assidue.... Un beau matin ce cercle de courtisans recule, se disperse et disparait... Quel prodige avait soumis à la même humilité tant de personnages élevés par leur fortune, leurs dignités et leurs emplois? Deux ou trois fois on avait vu à la porte de la maison où logeait cette belle actrice un mameluck à la figure sombre et portant un cimeterre. C'était Roustan, enfant de l'Afrique, lui que, pendant quatorze ans, on crut fanatique de Napoléon, comme s'il eût vu en lui un second prophète, et qui, soudainement arraché, par un sentiment que je ne veux pas caractéri-

---

[1] Mademoiselle Georges ayant abandonné le Théâtre-Français a été tour-à-tour la providence de l'Odéon et de la Porte-Saint-Martin. Elle est aujourd'hui notre première actrice tragique.
Note de l'auteur.

ser, à cette auréole de gloire, ne fut plus que le valet ingrat du maître qui ne le paierait plus en empereur.

Or, la présence de Roustan avait produit son effet. L'accapareur, le commissaire ordonnateur, le receveur-général, disparurent; le général de division, le conseiller d'État, le sénateur battirent également en retraite, et ils furent suivis des plus riches étrangers et des plus hautains ambassadeurs; les princes régnans affectèrent la même discrétion, et tout cela parce que l'on disait avoir vu Roustan faisant sentinelle.

Au milieu de cet isolement, un soir où, comme de coutume, Clytemnestre avait enivré la salle par son débit noble et chaleureux, où le parterre et les loges d'une commune voix l'avaient proclamée la seule digne épouse du roi des rois, un jeune étranger, simplement vêtu, se présente à la petite porte de l'appartement de la séduisante actrice; une femme de chambre va ouvrir; elle déclare, conformément à ses instructions, que sa maîtresse n'y est pas. Mais la soubrette était fille d'un ancien concierge de la maison de Condé; elle voit encore souvent chez son père un portrait que le brave homme a rapporté de l'émigration : ce portrait offre une ressemblance avec les traits du jeune et hardi étranger; elle n'a pas la force de remplir sa mission; elle demeure immobile de surprise, décontenancée, la bouche ouverte.

— Mon enfant, dit l'inconnu rompant le silence, je suis chargé d'une mission très-importante auprès de ta belle maîtresse; va lui demander si elle veut recevoir l'*ex-vicomte de Rocroi*.

Toujours interdite, la pauvre fille ne put répondre que par une belle révérence, après quoi elle revint en toute hâte auprès de sa maîtresse. Ce qu'elle lui dit dans le trouble qui l'agitait, on peut le supposer, car, malgré l'attente du maître de Roustan, le vicomte de Rocroi fut admis, et non point tout-à-fait comme aurait pu l'être un étranger.

Plein de grace et de galanterie, il s'excuse de son indiscrétion, mais il a applaudi la belle reine d'Argos, il est allemand, il va partir pour son pays, et il n'a pas voulu rentrer dans le duché de Bade sans avoir auparavant présenté ses hommages à la grande actrice. La conversation se prolongea assez avant dans la nuit. L'étranger se retira enchanté, demandant à revenir le lendemain.... le lendemain, cela était impossible; cela se pouvait pour le surlendemain. Ce retard le contrarie vivement; il hésite, mais, jetant un coup d'œil sur mademoiselle Georges, il la voit si belle, si séduisante, qu'aucun obstacle n'est plus capable de l'arrêter, et le rendez-vous est accepté.

A peine il est parti, que mademoiselle Georges s'écrie:

— Et tu l'as reconnu, ma Lucette?

— Oh! madame, c'est lui, n'en doutez pas; il ressemble trait pour trait au tableau que mon père garde comme un trésor, c'est la même physionomie douce et fraîche, le même regard bienveillant, et puis, Madame, ses manières.... Ah! il n'y a que monseigneur le....

— Tais-toi! interrompit mademoiselle Georges

effrayée, et en mettant la main sur la bouche de sa soubrette : Qui sait si on ne nous écoute pas; crois-tu que je ne suis pas surveillée? peut-être cent espions sont autour de moi, et on va lui redire.....

— Personne dans la rue, répartit Lucette; j'ai tout examiné après qu'il se fut éloigné; aucune porte ne s'est ouverte, aucun homme n'a fait mine de le suivre; rassurez-vous... c'est lui...

La fière actrice, glorieuse de sa double conquête, attendit le jour suivant le maître de Roustan; il ne se montra pas; ses occupations multipliées ne le lui permirent point cette fois.

Le surlendemain, fidèle à sa parole comme tous ceux de sa noble maison, l'illustre étranger arriva à minuit sonnant; on l'attendait avec impatience; une table est chargée de cristaux, de vermeil, de porcelaines, de mets délicats, de fruits, de fleurs, de vins exquis; deux couverts y sont mis en regard l'un de l'autre. On frappe... Dieu! qui vient?... Oh! c'est la main lourde du terrible mameluck; il n'est pas seul... deux chevaux piétinent... La maîtresse du lieu pâlit d'épouvante; cependant elle se jette aux genoux de celui qui s'apprêtait à se mettre aux siens :

— Au nom de Dieu, dit-elle, fuyez... oui, fuyez celui qui vient.

— Moi fuir !... moi ! y songez-vous ?

— Il y va de ma vie... de la vôtre.

— Mais... fuir... moi !

— Oui, Monseigneur, vous qui devez votre épée à votre roi, à la France.

— Vous savez qui je suis ?...

— Le duc d'Enghien, et celui qui va paraître est le premier consul Bonaparte.

— Qu'entends-je !.. un tel rival...

La femme de chambre éperdue se joint à sa maîtresse ; toutes les deux prient, supplient, implorent la pitié du prince, autant pour elles que pour lui.

Il cède enfin, quand on lui a parlé de son père, de son aïeul ; il fait un effort surhumain, et consent à entrer dans un cabinet, où on le couvre d'un panier à chauffer le linge que l'on charge de hardes. A peine cette opération est terminée, que la porte opposée s'ouvre brusquement.

Le premier consul est entré.

L'actrice, jouant la joie et la surprise, s'efforce de refouler dans son ame la terreur qu'elle éprouve à la vue des deux couverts :

— Tu m'attendais, dit Napoléon?

— Je suis comme les anciens châtelains, qui ne se mettaient jamais à table, sans y faire placer trois ou quatre couverts de plus que le nombre connu des convives. Je ne sais quand il vous plaît de m'honorer de vos visites et je tâche toujours de pouvoir vous offrir à souper.

Cela fut débité dramatiquement et accepté avec indifférence. Le premier consul, accablé sous le poids immense de sa responsabilité, était là, moins en amant impatient d'être heureux, qu'en diplomate fatigué et qui voudrait oublier un instant le monde qu'il gouverne, ou qu'il fait trembler; il était ce soir-là moins vif que de coutume, les idées ne se succédaient pas dans son imagination avec leur rapidité prodigieuse, il y avait dans son cerveau quelque chose d'embarrassé, de pénible, de confus... Il parlait peu, avec difficulté; il essaya de boire un demi-verre de vin de Tokai... Soudain, ses dents se contractent, le verre est brisé, ses yeux se tournent sous leur paupières appesanties, il veut se lever pour marcher, il tente d'appeler Roustan à son secours, mais il ne peut plus articuler un seul mot, enfin il tombe sur le canapé. On le croit frappé d'une apoplexie foudroyante.

Qui pourrait peindre la terreur de mademoiselle Georges, en voyant tomber sans connaissance et immobile comme la mort, l'homme sur lequel reposaient tant d'immenses intérêts; tant de hautes destinées! Sa femme de chambre n'était pas moins effrayée; mais, par un mouvement machinal, elle s'était mise à prier Dieu. Rien n'était en effet plus affreux que de voir la position de ces deux femmes. Que faire? que devenir?... Appeler Roustan?... Mais si ce brutal mameluck, en voyant son maître sans mouvement, le croyait assassiné, son premier instinct serait de venger sa mort; et puis quelle complication donnait à tant d'embarras la présence du jeune prince... On l'accuserait d'avoir assassiné le premier consul. Quel parti prendre! Cependant il fallait agir.

Du cabinet où il avait consenti à se retirer, le duc avait entendu la voix de Napoléon, et, immédiatement après, les sanglots étouffés des deux femmes. Surpris du silence qui venait de succéder à ce tumulte, il quitta sa cachette, et, s'avançant avec précaution, il ouvrit doucement la porte de la chambre. Quel spectacle frappe ses regards! quelle situation que la sienne! L'ennemi de sa maison, l'usurpateur du trône qui appartenait au chef de sa race était là, étendu, immobile, expirant peut-être: ah! dans ce moment, lui aussi se trouva en proie à cette lutte de sentimens confus peints si admirablement dans ces deux vers de Corneille :

> Une maligne joie en son cœur s'élevait
> Dont sa gloire indignée à peine le sauvait.

Mais le duc d'Enghien à l'aspect de Napoléon sans défense ne triompha pas moins de cette *maligne joie*, que ne l'avait fait César en voyant la tête du grand Pompée. Le magnanime Condé ne vit plus qu'un homme expirant faute de secours. Le duc d'Enghien, ajoute l'histoire que je raconte, portait sur lui un cordial d'une grande vertu, composé mystérieusement par le fameux comte de Saint-Germain qui, trente ans auparavant, l'avait donné en présent au prince de Condé; celui-ci en avait fait trois portions, une pour lui, une pour le duc de Bourbon, son fils, la troisième, pour son petit-fils, et, quand il la leur donna pendant l'émigration : — Mes enfans, leur dit-il, ce breuvage est capable de faire revenir un mort, mais c'est en même temps un philtre d'égoïsme; le comte de Saint-Germain assure que celui à qui nous le sacrifierons, loin de nous en conserver la moindre reconnaissance en éprouvera le besoin atroce de haïr son bienfaiteur; peut-être cet adepte si extraordinaire, en s'énonçant ainsi, a-t-il voulu nous empêcher d'en détourner la moindre parcelle pour autrui; quant à moi, je m'en suis mal trouvé; j'avais un cheval anglais, admirable bête que j'aimais avec passion, et qui, en vérité, me le rendait bien;

on vient m'annoncer qu'il est près de mourir; je fais la folie de verser quelques gouttes de cette eau si limpide dans une chopine de vin coupé d'une médecine préparée; mon magnifique cheval revient à la vie, et depuis ce temps il n'a cessé de me jouer de mauvais tours; enfin, à la première campagne de la révolution, ayant voulu le monter deux fois, deux fois le perfide animal s'est élancé pour m'emporter dans les rangs des républicains. La seconde fois la décharge de l'un de mes pistolets le punit de sa déloyauté.

Le duc d'Enghien, en tirant de son étui le flacon de cristal de roche, garni d'or, qui contenait la liqueur souveraine, se rappela les paroles de son aïeul... sa générosité ne fit que s'en accroître, et, d'une main ferme, il versa entre les lèvres du premier consul, six gouttes du breuvage merveilleux et fatal; l'effet en fut prompt et souverain... Bonaparte, se relevant précipitamment sur son séant, porta autour de lui un regard scrutateur qui exprimait de l'étonnement et presque de la colère.... Son intelligence supérieure tarda peu à lui rendre son énergie, et, désignant de la main celui qui venait de le rappeler à la vie.

— Qui est-il?

— Le frère de ma femme de chambre.

— Mensonge!

— Général, vous êtes sans armes et moi aussi.

— Qui êtes-vous? que faites-vous ici? continua de demander le terrible interlocuteur sans paraître faire attention à la réplique chevaleresque de l'inconnu.

— Un émigré.

— Ah!....

Et, malgré lui, Napoléon manifesta par un regard, sa frayeur.... Ce fut un éclair.... Il reprit bientôt après sa supériorité de héros, de chef suprême d'une grande nation, au-dessus des basses impressions d'une terreur qu'il dédaignait. — Et vous demandez?....

— Ma radiation.

— A quel titre?

— Comme un amant passionné de ma patrie;

je l'aime, général, autant que vous pouvez la chérir.

— Bien, Monsieur, très-bien ; si tous ceux qui ont passé les frontières vous ressemblaient... Que tenez-vous à la main?

L'actrice, pour achever de calmer le lion grondant encore, s'empressa de raconter de quel péril les gouttes de Saint-Germain (ce fut ainsi qu'elle les appela), avaient sauvé *le Sauveur de la France.* Celui-ci reprenant la parole :

—Vous vous êtes trouvé là bien à propos.

Le prince rougit ; les yeux d'aigle tardèrent peu à voir cette rougeur, et le front qui les portait se couvrit d'une vapeur sombre, sévère et menaçante.... Napoléon quitta le canapé, fit deux pas dans la chambre; puis, se plaçant en face du duc : — Monsieur, vous portez sans doute un nom connu?

La position devenait de plus en plus critique. Mais la magnanime actrice s'interposant entre les deux interlocuteurs : — Citoyen premier consul, dit-elle, songez au service qu'il vient de vous rendre, et à ce titre contentez-vous de sa parole; c'est un homme d'honneur, et vous ne serez pas moins généreux que lui.

Cet appel à son héroïsme, à sa délicatesse, ne plut pas à Napoléon; toutefois, ne voulant pas se montrer moins confiant qu'un émigré dont rien ne lui révélait d'ailleurs l'auguste origine, il s'imagina être mis en présence de je ne sais quel grand seigneur de l'ancien régime et alors avec une sorte de dédain : —Puisque Monsieur ne peut se nommer, tant pis pour lui, les portes de la France ne se rouvriront pas à un inconnu. Allez, Monsieur, que votre protectrice vous reconduise; on s'occupera de vous, mais on saura qui vous êtes.

Le duc allait répliquer; peut-être l'eût-il fait avec une fierté dangereuse; mais les deux femmes, avec cet instinct de pénétration particulier à leur sexe, afin d'éluder la difficulté de sa position ne laissèrent pas au prince le temps de se compromettre, elles le conduisirent jusqu'à la première porte, et là, mademoiselle Georges, en le quittant, lui dit à l'oreille : —Monseigneur, des chevaux de poste, et partez sans rentrer chez vous.

Lorsqu'elle revint auprès du premier consul, encore fatigué de la crise si heureusement passée, celui-ci demanda comment on avait osé introduire l'étranger qu'il venait de voir. On lui avoua que c'était pour lui faire obtenir une audience, mais que l'indisposition subite de celui qu'il voulait implorer avait tout à coup changé les dispositions arrêtées.

— Je ne peux nier que sa potion m'ait fait du bien ; qu'est-ce?...

Mademoiselle Georges parla du comte de Saint-Germain. Napoléon aussitôt fut au fait; mais il n'en revint que de plus belle à son thême :

— Qui est ce Monsieur? il a l'air doux et simple.

— C'est un des Mortemart, s'avisa-t-elle de dire.

— Où loge-t-il ?

— Rue des Capucines, n° 11.

Le premier consul, satisfait en apparence, ne fit plus d'autres questions. On lui proposa de souper. Il n'avait plus qu'une seule envie, celle d'aller chercher du repos aux Tuileries. La superbe tragédienne ne put parvenir à le retenir plus long-temps.

A peine le premier consul fut-il parti, que mademoiselle Georges se laissant tomber à son tour, plus morte que vive, sur le canapé que Napoléon venait de quitter :

— Je suis perdue, dit-elle; demain il saura que je lui en ai imposé; et ce prince malheureux! lui aussi sera pris..... Ah! ma pauvre Lucette, brave la frayeur d'une sortie nocturne ; va où loge le prince; répète-lui ce que je lui ait dit en le quittant...... Mais, non, il vaut mieux que ce soit moi.....

Les deux femmes, qu'une résolution admirable animait dans ce moment, ne balancèrent pas à s'aventurer la nuit dans les rues de Paris, et comme elles allaient frapper à la porte de l'hôtel où logeait le prince, sa voiture venait d'en franchir le seuil avec une rapidité qui les rassura.

Le lendemain, à son lever, car déjà on pouvait donner ce nom à la nombreuse assemblée de courtisans réunis tous les matins aux Tuileries, le premier consul ayant aperçu M. de Talleyrand lui fit signe de s'approcher, et le questionna sur les Mortemart. Aucun membre de cette noble famille ne ressemblait au signalement donné par le premier consul. Se souvenant alors qu'il devait demeurer rue des Capucines, n° 11, Bonaparte se tournant vers son aide-de-camp, le colonel Lemarrois [1] : Vat-en, lui dit-il, à telle rue, tel numéro, et amène avec toi de gré ou de force tous les Mortemart que tu y rencontreras.

Lorsque Napoléon donnait un ordre, ceux qui le recevaient n'avaient qu'un seul regret, celui de ne pouvoir l'exécuter assez vite.

Comme il y avait toujours des chevaux sellés pour que l'exécution des ordres du premier

---

[1] Le comte Lemarrois, né en 1776, fut nommé aide-de-camp de Napoléon, en 1797; il fit toutes les campagnes depuis celle d'Italie jusques et compris celle de France en 1814. Il s'est distingué dans un grand nombre d'affaires, et mérite la place distinguée qu'il occupe parmi nos héros modernes.

Note de l'auteur.

consul éprouvât le moins de retard possible, en un temps de galop, Lemarrois se trouva rue des Capucines, vis-à-vis du n° 11.

Il frappe, on ouvre; il s'informe; point de Mortemart. Il envoie son domestique au n° 11 du boulevart, dit aussi *des Capucines*; là encore, le nom est ignoré; il l'est aux n°s 11 des rues Caumartin, Neuve-du-Luxembourg : force lui est de revenir aux Tuileries sans avoir rempli sa mission. Le brave et soumis Lemarrois aurait volontiers dévoré à belles dents une demi-douzaine de Mortemart, plutôt que de ne pas en amener un au général Bonaparte. Il fallut pourtant bien avouer que toutes ses perquisitions étaient restées sans résultats.

A cette nouvelle, Napoléon se mordit les lèvres, un mouvement de colère lui échappa; il s'avança vers le général Savary, déjà son bras droit, et ce que les mal-intentionnés appelaient son ame damnée, pour lui donner des ordres dont l'exécution eût été fort peu agréable pour mademoiselle Georges; mais, se ravisant aussitôt, il appela M. de Talleyrand et le ministre de la justice Reinier [1]. Il leur dépeignit de nouveau le Mortemart que la veille il aurait vu. M. de Talleyrand jura ses grands dieux que ceux de ce nom et de sa connaissance, ne ressemblaient aucunement à ce portrait. Le grand juge déclara qu'il ne croyait pas avoir conservé sur la liste des émigrés non rentrés un gentilhomme de ce nom.

— Il y en a un pourtant, continuait d'affirmer Napoléon.

— Mais, citoyen premier consul, si je me permettais de vous demander si on vous a bien informé ?

— Parbleu ! c'est mademoiselle Georges qui me l'a présenté hier ; je l'ai vu.

— Hé bien ! repartit l'ancien évêque d'Autun,

---

[1] Reinier, depuis duc de Massa, était un fort habile jurisconsulte, mais de mœurs trop simples, et trop vertueux peut-être pour pouvoir remplir les fonctions de ministre de la police générale. Il fut depuis président du corps législatif, et ce fut la fin de sa carrière politique. Il a vécu en homme de bien jusqu'à son dernier jour, et laisse un fils aujourd'hui pair de France.

Note de l'auteur.

cette belle personne a tant d'amis, que, selon toute apparence, elle aura pris un nom pour un autre.

Il eût été curieux d'entendre les qualifications peu polies que deux ministres donnèrent à la belle reine du théâtre; ils penchaient vers un acte de sévérité; mais c'eût été divulguer ce que le premier consul ne voulait pas livrer à la malignité publique; écartant donc, de son propre mouvement, tout ce que l'on pouvait rattacher de politique à la présence du faux Mortemart chez mademoiselle Georges, Bonaparte aima mieux croire ou faire semblant de croire qu'il ne s'était agi que d'un caprice de femme pour un amant vulgaire, et la chose en resta là.

Cette circonstance du récit dont je retrace le souvenir appartenait à une époque un peu antérieure; mais, en suivant toujours la même version, elle fut plus tard éclairée d'un jour tout nouveau, lorsque le premier consul crut que le duc d'Enghien avait fait plusieurs voyages de Strasbourg à Paris. On lui rapporta même, a-t-on prétendu, un propos attribué au prince, propos énigmatique pour toutes les polices, mais clair comme le jour pour le premier consul. Le prince aurait dit : « Il n'a dépendu que de moi de mettre sous le nez de Bonaparte un pistolet au lieu d'un flacon. »

Ces derniers mots l'éclairèrent sur le danger qu'il avait couru, et lui fit rendre justice à la générosité du prince ; mais voyez la merveilleuse influence du breuvage composé par le comte de Saint-Germain ! Elle fut plus forte que la magnanimité de Bonaparte; et c'est à la vertu de la liqueur fatale qu'il fallut attribuer la rigueur infernale dont le malheureux duc d'Enghien fut la victime!

CHAPITRE III.

Après plus de trente ans, Madame, ce n'est qu'avec un violent serrement de cœur que je me reporte à la cruelle époque de la mort du duc d'Enghien, dernier rameau de la branche des Condé, que M. Pitt appelait la branche de laurier sur l'arbre de la maison de Bourbon. Depuis, j'ai admiré Napoléon, j'ai aimé l'empereur; j'avoue mon dévoûment à sa personne, parce qu'il n'eut rien d'hypocrite ni d'intéressé; mais, dans le salon de service des Tuileries, comme aujourd'hui, j'aurais voulu, au prix de mon sang, effacer la tache de sang que le duc d'Enghien en mourant a laissée tomber sur la vie de Napoléon.

Tout n'est pas fabuleux dans l'anecdote que j'ai racontée dans le chapitre précédent ; Napoléon se trouva en effet chez mademoiselle Georges en présence d'un émigré qui était venu y chercher un asile ; mais ce n'était pas le duc d'Enghien, et j'ajouterai que malheureusement ce ne fut pas lui ; car si Bonaparte l'eût connu, il avait dans l'ame trop d'héroïsme pour ne point épargner un héros. Cette opinion, que j'ai besoin de croire fondée, me le paraît d'autant plus, que l'on a su depuis que, si la lettre que le duc d'Enghien écrivit au premier consul lui avait été remise à temps, le prince n'eût point péri ; à plus forte raison l'eût-il épargné s'il l'eût connu personnellement.

Non, le duc d'Enghien ne vint pas à Paris avant le jour fatal où il y fut amené, avant le vingt mars, jour funeste alors, et depuis si souvent privilégié dans l'histoire de Napoléon. Le duc d'Enghien arriva vers une heure de l'après-midi à la barrière Saint-Martin; la chaise de poste dans laquelle on l'avait conduit y stationna jusqu'à plus de quatre heures du soir.

Ce fut alors seulement que l'ordre fut donné de le conduire à Vincennes en suivant le boulevard extérieur; son enlèvement avait été si prompt, le voyage si rapide, qu'on ne l'attendait pas encore, et qu'aucun ordre n'avait été donné d'avance. Le lendemain, la nouvelle de sa mort, en même temps que celle de son arrivée, tomba comme un coup de foudre sur Paris, et retentit bientôt, comme la voix d'un augure sinistre, dans toute la France et dans toute l'Europe. Vous savez le reste. Je ne raviverai donc point les couleurs de cet horrible tableau que n'ont pu effacer tant de larmes.

Maintenant, permettez-moi de faire un retour sur moi-même.

Ma destinée politique a tenu à peu de chose; le hasard pouvait m'appeler à occuper un des cachots du château de Vincennes, comme il fit de moi l'un des habitués du salon des Tuileries. Je frémis encore, lorsque je pense au danger que je courus au milieu de la conspiration de Georges Cadoudal, de Pichegru, de Moreau, des Polignac, des Rivière ; la plupart gens bien nés, ayant reçu une éducation supérieure, pieux, et néanmoins se lançant dans une entreprise inconsidérée, d'où plusieurs ne sortirent que pour aller à la mort; et dont le reste traîna ses jours dans une prison qui eût été probablement sans terme, si les événemens de 1814 ne leur en eussent ouvert les portes.

J'étais chez moi fort tranquille, dans les premiers jours de 1804, lorsque mon domestique m'annonça madame de Bou... Si le choix m'eût été possible, j'aurais préféré la rencontre de Satan en personne, à celle de cette *charmante créature*. Elle résumait en elle toutes les perfections du vice, défiant le scandale, affrontant le mépris, au point de ne dissimuler qu'à peine les faveurs qu'elle sollicitait de ses laquais plutôt qu'elle ne leur accordait les siennes; entretenue d'une main, entretenant de l'autre ; enfin, un monstre moral, une vraie peste dans la société. Vous lui parliez cependant, dira-t-on peut-être? Hé, mon Dieu! oui, je lui parlais; nous la voyions, mais, à vrai dire, seulement quand nous la rencontrions; car nous n'allions pas chez elle; au surplus, j'en fais pour ma part un grand acte de contrition. Que voulez-vous? la vie sociale a ses faiblesses et l'exemple, ses entraînemens. Au surplus, je ne m'excuse point, je m'accuse au contraire; cependant je dois dire pour ma justification que, lorsqu'il lui prenait fantaisie de faire irruption dans mon salon, je lui défendais, ma chambre à coucher. La voilà donc installée dans ma malheureuse bergère, en face de moi, et de but en blanc me demandant de lui donner un moyen pour faire passer sa correspondance privée en Angleterre.

Bon! me dis-je; il ne lui manquait plus que de faire le métier d'espion; certainement elle est vendue à la police.

Heureusement je me tins sur mes gardes, et je me mis à pousser des cris d'indignation. Moi! m'écriai-je, correspondre avec nos éternels ennemis! non, certes, je ne veux pas de rasoirs britanniques.

— Et vous avez tort : ce sont les meilleurs ; je croyais que M. de Cadoudal et M. le lieutenant-général Pichegru nous en auraient apporté.

A ces deux noms jetés à mon nez avec un sang-froid imperturbable, je regarde la véritable marquise de Bou.... Je dis la véritable, car elle avait toujours grand soin de mettre en avant que l'autre marquise de Bou.... était une intruse. Sans lui répondre, je la regardai fixement.

— A qui en avez-vous donc? me dit-elle alors; m'en voulez-vous de ce que je vous montre de la confiance; vous êtes un pauvre homme...... on le sait, bien intentionné au fond, et cela suffit. Oui, mon très-cher, ces messieurs sont à Paris, et ils sont en grand nombre ; nous avons Charles d'Osier, les deux frères Polignac, le beau Fuyossla Sollieu, Joly de Grisolles ; que vous dire enfin, *on a mieux que ça* ; l'affaire est grandement emmanchée, et vous verrez le Corse et toute sa bande rouler tête de çà, membres de là....

Dirai-je l'espèce d'humiliation triste et profonde qui s'empara de moi, lorsque je vis de si grands intérêts confiés aux mains d'une pareille misérable? Dans l'espoir de couper court à une conversation qui me fatiguait horriblement, je lui déclarai avec solennité que, tout dévoué au gouvernement qui m'avait rayé de la liste des émigrés et rendu une partie de ma fortune, je lui resterais éternellement attaché.

La vile créature soupira, non à cause de ce que je venais de lui dire, mais parce qu'elle vit bien qu'une victime venait de lui échapper. Bien convaincue qu'elle n'avait aucun parti à tirer de moi, elle me délivra de sa présence, sans doute pour aller comploter avec madame de V...... et madame de L..... A... d'A.... qui ne valaient pas mieux qu'elle; aussi étaient-elles toujours en chuchoterie avec Le Roques de Montgaillard *dit l'Abbé*, et qu'on eût mieux fait de nommer *la mouche*.

Resté seul, je me mis à réfléchir sur le malheur attaché à cette pauvre race des Bourbons, qui, en général, ne lui procurait pour agens que des imbéciles ou des traîtres. Je voyais un tout autre bonheur à s'attacher à Bonaparte qui n'avait encore donné sa confiance qu'à des hommes de mérite, qu'à des esprits supérieurs; plus que jamais je me promis de suivre la carrière nouvelle qui s'offrait à mon ambition.

Je gardai pour moi les révélations étranges de la méchante marquise.

C'était au mois de février; je revenais de chez l'ex-marquise de Montchal-Barentin, femme encore belle, ayant conservé son esprit agréable, enjouée et conduisant déjà dans le monde une toute petite fille, enfant jouant encore avec sa poupée, mais annonçant ce qu'elle serait quelques années plus tard. Un soir, dis-je, je venais de quitter madame de Montchal, qui pensait comme moi, et se tournait déjà sincèrement vers Bonaparte, lorsque, vers dix heures, et comme je descendais la rue Saint-Louis pour me rapprocher du boulevard, un individu, dont la marche rapide annonçait la crainte d'être poursuivi, me heurta; il chancela et allait tomber : je fis un mouvement pour le retenir; un réver-

bère nous éclairait.... Nous nous regardâmes....
C'était le marquis de Rivière...

Lui aussi me reconnut; il se troubla, je fus surpris, je l'embrassai comme on embrasse un ami qu'on estime et qu'on n'a pas vu depuis long-temps. — C'est vous! on ne m'a donc pas trompé; j'espérais que cette maligne aventure... Que faites-vous ici?... ou plutôt ne me dites rien; je veux tout ignorer.

— Vous n'êtes donc plus des nôtres?

— Hélas, non! dis-je franchement, je ne veux plus pactiser avec la faiblesse et l'impéritie; je tiens à ma tête.... cher ami; la vôtre est bien exposée.

— Toujours fidèle... Mais, non, vous ne pourriez nous abandonner ainsi, vous reviendrez à nous.....

J'allais répondre..... On toussa à peu de distance. J'aurais dû me retirer; mais un mauvais mouvement de curiosité me fit faire un pas en avant..... Pichegru s'approchait, et Georges Cadoudal était avec lui; une sueur froide inonda mon corps, je me voyais entouré d'hommes braves, généreux, à la fleur de l'âge, et cependant déjà la mort planait sur eux ; un peu de temps encore, et ils auraient vécu. Je n'avais pas achevé de formuler mentalement cette réflexion pénible, lorsqu'un nouveau groupe survint; les deux Polignacs, M. Charles d'Hoziers, admirable trio de fidélité.

— Ah! dit Armand de Polignac, monsieur le marquis....

Pichegru, que j'avais vu beaucoup avant le 18 fructidor chez le général Willot, me prit la main : — Je ne vous savais pas enrôlé sous notre bannière?

— Votre rassemblement est bien nombreux, dis-je, sans répondre à l'interpellation.

La rencontre est fortuite, me répliqua-t-on ; on ne voulut pas m'avouer que l'on allait avoir une entrevue avec Moreau. Je me doutais bien de quelque chose d'extraordinaire, mais j'étais encore bien loin de la vérité.

Sur mon observation, ces messieurs se séparèrent. Rivière et moi, nous nous donnâmes rendez-vous pour le lendemain ; je restai seul avec Pichegru et un autre personnage qui était, je crois, Lajollais. Quand nous n'entendîmes plus aucun bruit, je dis au général : — Croyez-vous que le gouvernement ignore votre présence à Paris ?

— Il n'en sait rien.

— Détrompez-vous : des femmes inconséquentes colportent votre secret.

— C'est ce qui lui donne de la force, on ne croit pas un mot de ce qu'elles disent, et nous marchons en sécurité derrière elles.

Je ne voulus pas lui enlever une illusion qu'il lui eût peut-être été trop cruel de voir évanouir ; je me contentai de lui demander : — Avez-vous un plan ?

— Oui, et infaillible.

— Dieu le veuille ! il me semble que le premier consul est bien fort ?

— Le colosse du songe, la tête d'or, les pieds d'argile ; vous verrez l'armée lui tourner casaque, l'abandonner comme par enchantement... nous sommes deux...

— Oui, dis-je, l'héroïque Georges et vous.

— Lui, *una bruta bestia,* un ours mal-léché, propre à un coup de main, mais, *de cervelle, point.*

Peste, pensai-je, voici des gens dont l'accord et la confiance réciproques sont parfaits; où donc aboutiront-ils? Pichegru continua à débiter ses folies; il était jaloux de Moreau, et déjà néanmoins il attendait tout de lui; il se plaignait de tout le monde et espérait en tout le monde: erreur commune à tous les chefs de partis; ils accommodent la société à leur fantaisie, et puis, quand l'heure d'exécuter est arrivée, ils restent en face d'un cruel mécompte.

Cependant, j'étais mal à l'aise, en me voyant malgré moi dépositaire de confidences que nulle puissance ne m'aurait fait trahir, mais que j'aurais mieux aimé n'avoir point reçues. Il me tardait donc de me retirer de ce guépier, d'autant plus, que je craignais l'arrivée fort présumable de quelques espions. Mais Pichegru, dans son

5.

intarissable faconde, me retint jusqu'à minuit, parlant toujours, déroulant ses plans et exploitant son futur succès comme si rien n'eût pu le faire manquer. Heureusement j'en fus quitte pour mon imprudence.

A minuit, un des conjurés revint en toute hâte à l'endroit où Pichegru l'attendait, circonstance que j'ignorais. Le nouveau venu dit mystérieusement au général : — *Le gentilhomme arrive !...* — Le gentilhomme ! murmura Pichegru d'un ton de mépris et avec une impatience mal déguisée ; le gentilhomme !... Ils sont je ne sais combien qui ne savent qu'imaginer pour me dégoûter ; mais patience ! Que je réussisse, et nous verrons après..... Puis, se tournant vers moi : — Quand vous reverrai-je, me dit-il ?

— Quand vous voudrez, répondis-je, et nous nous séparâmes sans plus d'explication.

Redevenu libre, je me mis à courir plutôt qu'à marcher. A peu de distance, je rencontrai par bonheur un fiacre vide dans lequel je me jetai précipitamment. A peine le cocher était-il remonté sur le siége, que nous eûmes à traverser quatre ou cinq patrouilles qui me laissèrent passer sans m'inquiéter. Toutefois, je dormis peu pendant cette nuit aventureuse.

Peu de jours après, la liste de tous les conjurés fut tout à coup officiellement publiée; l'attachement que les habitans de Paris portaient au premier consul était tel, qu'il y en eut beaucoup qui secondèrent bénévolement les efforts de la police. Pour moi, placé entre de vieilles affections et la résolution que ma raison, autant que mon intérêt, m'avait conseillé de prendre, ma position était délicate et difficile. J'aurais voulu sauver le marquis de Rivière, les frères Polignac, M. d'Hoziers et Pichegru; mais où les rencontrer? où les conduire? et puis d'ailleurs, pourquoi n'en conviendrais-je pas? je craignais pour moi-même, et si l'on m'eût rencontré avec eux, c'en était fait de mon avenir; je devenais victime pour une cause que je ne voulais pas servir.

J'étais en proie à ces fluctuations, lorsqu'un matin je reçus un billet; je l'ouvre et je lis :

« Le sénateur Fouché désire avoir un moment

« d'entretien avec le citoyen (ici était mon nom).
« Il lui laisse le soin de fixer le lieu du rendez-
« vous, mais il importe que ce soit le plus tôt
« qu'il lui sera possible. »

A la lecture de ce fatal billet, je me crus perdu; je ne savais à quelle conjecture m'arrêter.

Voici maintenant la cause de cette lettre qui me causa tant d'effroi.

Fouché avait reçu du premier consul une mission de surveillance, et s'en acquittait en contrecarrant le plus qu'il pouvait l'action officielle du conseiller d'État Réal, chargé, sous le grand juge, de la direction du premier arrondissement de la police générale, comprenant la moitié du nord de la France et dans laquelle se trouvait par conséquent Paris. Pour moi, dans cette occurrence, il n'y avait que deux partis à prendre : ou me cacher, ou bien me rendre à l'invitation de Fouché. Je n'hésitai point, et, sans perdre de temps, je courus à son hôtel.

Quoique je connusse à peine Fouché, il me reçut comme si j'eusse été un de ses anciens amis. Du reste, il ne me fit point attendre pour entrer en matière: il me dit tout d'abord qu'il désirait que je lui donnasse des renseignemens sur quelques personnages de qualité dont les noms éta ent portés sur des listes de dénonciation. J'eus le bonheur de le deviner, et je ne lui donnai que de vagues renseignemens, se rattachant à un passé déjà éloigné, et qui ne pouvaient compromettre, ni moi ni personne. Fouché me remercia comme si je lui eusse appris quelque chose d'important. Ce fut cette entrevue qui, plus tard, décida de mon avenir.

Fouché causait très-volontiers. Je me rappelle que, dans cette conversation, après avoir mis en avant, comme une thèse générale, que le premier consul verrait avec plaisir des hommes d'autrefois venir à lui, il ajouta : Le temps n'est pas éloigné où le premier consul aura un grand nombre de belles places à donner ; il est déplorable de voir des hommes d'une haute naissance conspirer contre lui comme de lâches assassins ; il y a dans cette conduite une horrible ingratitude envers le magistrat qui a rétabli la religion, clos la liste des émigrés et déjà rendu une grande partie de leurs biens aux anciens possesseurs. Il me semble qu'au lieu de le combattre, on ferait mieux de se rapprocher de **sa personne**, de l'investir d'une puissance supérieure, du moins dans sa forme, à celle qu'il exerce aujourd'hui.

Je manifestai mon approbation à tout ce que me dit Fouché; de là, sans doute, le rapport favorable qui fut fait sur mon compte en temps opportun.

Cependant, chaque matin on apprenait l'arrestation de quelques conjurés, et tous tombèrent successivement entre les mains du gouvernement. Je m'applaudis d'être resté simple spectateur d'un drame dont le dénoûment fut marqué par la chute de tant de têtes et par quelques actes de clémence. Je passe sur le fameux procès dont toutes les circonstances sont depuis longtemps connues.

Le bruit d'un grand changement circulait depuis quelque temps; on disait que le premier consul allait se faire empereur; on tâtait l'opinion publique qui, en général, se montrait favorable; mais ce n'était que le sujet de vives controverses, lorsque, le 30 d'avril, nous apprîmes que, ce jour-là, le tribunat s'était réuni en séance extraordinaire. Un tribun, le citoyen Carée, fut le premier qui dissipa officiellement les doutes qui pouvaient exister encore. L'orateur de la chambre du peuple présenta à ses collègues un projet dont le premier article décernait à Napoléon Bonaparte le titre d'empereur des Français. Dans le second, la couronne était déclarée héréditaire dans sa famille. Enfin, toutes nos institutions encore chancelantes allaient se consolider en même temps que le nouveau trône.

On savait à l'avance le projet de Carée; déjà plusieurs de ses collègues des départemens avaient jeté en avant cette grave question. Loin d'indigner les esprits, elle fut accueillie au contraire comme un gage de repos et de stabilité.

Ce jour-là je me trouvais par hasard à dîner chez notre illustre peintre David, l'ancien tueur de rois. Je vous jure qu'il avait bien changé d'opinion. Il y avait là quelques figures bien bonnes à observer; je n'oublierai jamais les singulières contorsions qui décomposaient le visage déjà si prodigieusement laid du farouche Amar. Le terrible révolutionnaire ne songeait sûrement pas, dix ans auparavant, qu'il verrait si tôt sa chère république accoucher d'un despote.

Amar ne discutait point, mais, si je puis ainsi dire, il dévorait sa peine, n'osant la formuler par des paroles. Alors il était vraiment plaisant d'entendre son ami David lui prodiguer des consolations. Je le vois encore lui disant, les deux mains jointes : «Amar..., cher ami..., bon Amar.» Oh! pour le coup, à cette épithète de *bon* donnée à ce féroce proconsul pour l'amadouer en faveur du pouvoir absolu, je ne pus retenir un sourire. David, l'interprétant je ne sais comment, se tourna vers moi : « Oui, citoyen, me dit-il assez piteusement, c'est un fou, capable de nous faire tous pendre. » En disant cela, il désignait Amar, et il ajouta sans s'interrompre : « Car enfin, si l'on pousse à bout la magnanimité du premier consul.... »

—Sois pendu, traître! interrompit avec fureur

Amar, placé à l'autre bout de la table, mais sois fidèle à la république. Ainsi donc, toi et moi, nous n'aurons tué un roi que pour en voir reparaître un cent fois plus redoutable.

—Oh! Amar, bon Amar..., pourquoi rappeler ces choses-là; ce qui est fait est fait; qui eut tort ou raison? l'histoire le dira. Mais le vainqueur de l'Italie, le conquérant de l'Égypte, le héros des Pyramides, le triomphateur de Marengo....

—Hé bien! reprit Amar de sa voix sépulcrale, s'il met une couronne sur sa tête, n'importe sous quel titre, ce sera un tyran!

Alors David promenant sur nous ses regards, comme s'il eût craint que quelqu'un de nous eût été capable de le dénoncer, les arrêta sur l'impétueux régicide en lui disant : — Cher Amar, tu veux donc me réduire à la dure nécessité de te fermer à la fois ma maison et mon cœur... Puis, s'adressant à ses autres convives : — Citoyens, je vous prends à témoins de ma vénération pour le premier consul, pour l'empereur.

— Oui, s'écria le conventionnel encore plus

furieux, adorateur de Robespierre, va adorer Bonaparte. Cela dit, il se leva de table et sortit précipitamment... Pas un de nous n'interrompit le silence qui succéda à cette scène... Le maître du logis, attéré, anéanti, essuyait son front couvert de sueur; l'attaque avait été rude, et la victoire ne restait pas tout-à-fait à celui qui conservait le champ de bataille. Après la retraite d'Amar, l'un des tribuns, M. Flaugerges [1], nous apprit que Siméon [2] avait appuyé à la tribune la motion de Curée; M. Jaubert, en troisième, partagea la même opinion qui eut encore pour appui, dans la même séance, les discours des citoyens Duverrier, Duvidal, Gillet de Seine-et-Oise, Villat-Puville, Carion de Nisas; quarante-cinq autres orateurs demandèrent aussi l'établissement d'un trône, en faveur de Bonaparte.

---

[1] A joué un rôle important en 1813, et depuis la restauration; je le crois mort.

Note de l'auteur.

[2] Tous ces tribuns sont devenus de hauts personnages; le comte Siméon est entré en qualité de ministre dans les conseils de Louis XVIII.

Note de l'auteur.

Point d'opposition durant cette première séance; un concert unanime flatta, ce jour, les oreilles du premier consul; mais le lendemain, un homme éleva la voix et fit entendre un autre langage: Carnot, ce tueur de roi, ce membre du comité de salut public et du directoire, cet exilé, ce proscrit, devenu ministre de la guerre peu après le 18 brumaire, ne voulut pas que la république expirât, sans avoir rencontré un défenseur.

Nous nous étions déjà formés si vite aux adulations modernes, que l'on regarda moins comme de l'audace que comme un crime de lèze-majesté le discours de Carnot, quoiqu'il l'eût débité avec un accent de conviction entraînante; tous les amis du premier consul entendirent avec un déplaisir sensible, des paroles amères, qui nous parurent une provocation aux poignards des assassins.

Quiconque a pu voir avec quel empressement la nation française salua l'avénement de Napoléon au trône impérial peut juger combien le gouvernement républicain lui est antipathique.

Le faubourg Saint-Germain ressentit une vive douleur à la vue de cette couronne impériale qu'un héros allait poser sur son front. On pleura, on pria Dieu, on aurait voulu un prodige, un miracle; on invoquait les foudres du Tout-Puissant, et peu après on eut la douleur d'apprendre que son représentant sur la terre quitterait le Vatican pour venir sacrer Napoléon dans la cathédrale de Paris.

La famille du nouveau César était nombreuse. Je veux ajouter quelques renseignemens à ceux que l'on a déjà sur cette famille; je renvoie à un autre lieu des détails sur son origine; mais je terminerai ce chapitre en rappelant quelques faits qui ne me paraissent pas dénués d'intérêt.

Assuré que nul dans le gouvernement n'avait eu connaissance de mes rapports avec les conspirateurs, je me mis en campagne, dans l'espoir d'aider à sauver plusieurs de ceux auxquels je m'intéressais. J'eus le bonheur de voir Armand Polignac, le marquis de Rivière et Charles d'Hoziers, assurés de leur vie; c'était tout dans le moment. Le lieutenant-général Georges de Cadoudal aurait pu lui aussi se sauver ; mais le nouvel empereur exigeait que ce ferme capitaine demandât sa grace.

— Que je la sollicite, que je supplie qu'on me l'accorde ! s'écria Georges avec sa voix de tonnerre ; moi qui ne sais pas si je daignerais l'accepter pleine et entière, dans le cas où la générosité de notre ennemi l'engagerait à me l'offrir. Messieurs, poursuivit-il en s'adressant aux administrateurs de sa prison, allez dire à celui qui vous envoie, qu'il est plus facile de faire condamner à mort un homme comme moi, que de le contraindre à s'avilir volontairement.

La mort de Georges ne peut être comparée qu'à celle des martyrs, aux premiers siècles de l'Église. Ses compagnons et lui marchèrent au supplice en entonnant des hymnes monarchiques. Tous, jusque sous le fatal couteau, crièrent : « *Vive le roi !* » Ce fut un noble et attendrissant spectacle.

Quant à Pichegru, il ne voulut pas attendre la mort, il se la donna. Je ne suis pas de ceux qui chargent de ce crime la police militaire aux ordres du duc de Rovigo ; autant celui-ci me semble avoir pris une part active dans le meurtre juridique du duc d'Enghien, autant je le blanchis de toute participation à la fin prématurée de l'ex-général de la république.

Quoi qu'on ait pu dire, moi qui ai vu les choses de bien près à cette époque, je déclare que la présence de Moreau à la barre, dans la cour criminelle, était bien autrement dangereuse que celle de Pichegru ; les gens qui aujourd'hui voient avec des yeux prévenus se trompent.

Pichegru n'avait point de parti en France, pas même de clientelle. Le peuple, loin de l'estimer, ne voyait en lui qu'un transfuge, un déserteur, un agent vendu au parti royaliste ; sa vie ou sa mort importait également peu au nouveau pouvoir, tandis que Moreau était un chef puissant sur lequel s'appuyait la cause républicaine ; il avait des partisans dans l'armée, parmi les généraux et les soldats ; il en avait dans le peuple, et s'il eût été condamné à mort, on eût pu craindre un soulèvement dans Paris. Moreau sur la sellette, devant ses juges, entre deux gendarmes, était bien autrement puissant que ne l'eût été Pichegru à la tête d'hommes armes.

La seule cause que l'on puisse raisonnablement attribuer à la mort volontaire de Pichegru dans sa prison, c'est un noble souvenir de ses premiers exploits, c'est la crainte de voir en plein tribunal flétrir ses lauriers devant ses anciens compagnons d'armes. Aujourd'hui comme alors, voilà ce qui me paraît être la vérité.

Je suivis avec assiduité ce grand procès. J'admirai messieurs Billecoq et Chauveau-Lagarde qui, avec de Sèze l'aîné, de Peyronnet, Martignac et l'immortel Berryer, forment à mes yeux la couronne du barreau moderne. Ce sont là des illustrations dont la postérité et l'armée doivent conserver toujours le souvenir.

CHAPITRE IV.

Un jour, passant dans la rue de Seine, à la hauteur, à peu près, de l'endroit où l'on a établi depuis le passage du Pont-Neuf, je m'entendis appeler par mon nom; m'étant retourné, je vis un généreux jeune homme à la figure noble, aux manières excellentes et polies; c'était Eugène de Beauharnais. Toutes les fois que j'aurai à parler de lui, ce qui m'arrivera fréquemment, je ne craindrai pas de m'étendre en éloges sur son compte, avec la certitude de ne point outre-passer les bornes de la vérité. Je n'ai en effet connu personne de plus affable, de plus obligeant qu'Eugène. Il adorait sa mère et sa charmante sœur. Déjà la renommée avait placé son nom dans un rang élevé; mais il n'avait aucune fatuité, il ne cherchait à se donner aucune importance. Par sa bravoure et son caractère, il eût dû appartenir au siècle de la chevalerie. C'est un des noms les plus purs de notre histoire contemporaine, et c'est bien de lui que l'on pouvait dire: « Pas une mère qui ne l'eût désiré pour gendre; pas un homme de bien qui ne l'eût voulu pour ami. » Ce que j'ai surtout admiré en lui, c'est une qualité que je n'ai retrouvée en personne au même degré : cette heureuse et forte disposition de l'ame, qui fait que l'on est toujours soi, indépendamment des circonstances; ne se courbant point sous les rigueurs de la fortune, et ne s'enorgueillissant point de ses faveurs.

L'ayant reconnu, j'allai à lui, et de son côté il ne mit pas moins d'empressement que j'en mis moi-même à franchir la distance qui nous séparait. Il m'aborda avec ce sourire bienveillant qui n'était jamais que l'expression de sa pensée, et qui donnait tant de charme à sa physionomie, pourvu, toutefois, qu'il n'ouvrît pas la bouche, car il était difficile de voir de plus vilaines dents que les siennes.

Son premier mot fut une parole agréable.

— Ma mère, me dit-il, se plaint de votre négligence; vous nous oubliez.

— Vous me flattez, monsieur Eugène. Serais-je en effet assez heureux pour qu'elle ait bien voulu s'en apercevoir. Me permettrez-vous une question qui avec vous ne saurait être indiscrète?... Aurons-nous encore long-temps le bonheur de pouvoir vous approcher ainsi?

— Je l'espère bien; je ne suis pas de ceux dont les sentimens changent avec la fortune. J'ignore quels sont sur moi les desseins du premier consul; mais si jamais ses bontés me faisaient tourner la tête, je prie Dieu qu'elles épargnent mon cœur.

Je désirais vivement profiter de la rencontre, pour savoir de lui ce que je devais penser relativement aux bruits qui couraient sur la prochaine fondation de l'empire, car c'était un peu avant la proposition du tribun Curée, dont j'ai parlé précédemment. Je lui demandai, par voie détournée, s'il était vrai qu'une négresse de la Martinique eût fait à sa mère la fameuse prédiction dont on a tant parlé dans le monde. Il me répondit qu'il regardait cela comme une fable ; qu'il avait aussi entendu dire que la prédiction portait que sa mère serait *plus grande dame que la reine ;* mais que jamais on n'en avait parlé qu'en plaisantant chez celle que l'on disait en être l'objet.

— Dans tous les cas, repris-je, en supposant que la prédiction ait eu lieu, il me semble qu'elle est bien près de se réaliser.

— Je le crois comme vous, répondit l'excellent jeune homme ; mais si, dans ce rang élevé, ma mère n'est pas plus heureuse que ne l'a été Marie-Antoinette, ce serait payer une couronne bien cher.

Cependant la physionomie d'Eugène avait pris, en me parlant ainsi, une expression de tristesse qui me faisait regretter d'avoir entamé ce sujet de conversation. Sans que je l'eusse interrompu, il ajouta, après un moment de silence :

— Ah! Monsieur, comme vous êtes un ancien ami de ma famille, je puis parler avec vous à cœur ouvert. Quand je me trouve seul avec mon excellente mère, croyez que nos réflexions ne sont pas toujours riantes; plus nous montons, et plus la chute sera dangereuse, si elle arrive jamais. Encore quelque temps, et nous serons environnés d'ennemis acharnés à notre perte; royalistes, jacobins, républicains sont des partis qui ne déposeront jamais que conditionnellement les armes; ils serviront, ils flatteront même, par nécessité, par intérêt, par ambition; mais jamais le fonds de leur pensée ne sera avec nous. Et cependant, qu'on se rappelle dans quel état mon père a trouvé la France à notre retour d'Égypte, que l'on compare ce qu'elle était alors à ce qu'elle est aujourd'hui! Quatre ans ont suffi à une si merveilleuse réorganisation. Tant de bienfaits, ne les doit-on pas au premier consul? Pourquoi la France ne l'en récompenserait-elle pas en lui donnant le titre d'empereur comme un gage de sa confiance en lui.

— Permettez-moi d'ajouter que vous n'avez pas été un simple spectateur des grandes actions que nous admirons dans le premier consul.

— Ah! déjà de la flatterie! reprit Eugène avec un air de candeur qui n'avait rien de feint. Que feront donc les autres, si nos anciens amis cherchent déjà à caresser notre amour-propre. Je ne suis rien que par le premier consul. Il nous place sur les cases de son vaste échiquier; il nous fait mouvoir au gré de son génie, et nous n'avons de valeur que par l'impulsion qu'il nous donne. Voyez ce qu'étaient les généraux du directoire; sans doute, on comptait parmi eux des hommes d'une rare valeur et d'un grand talent; mais la plupart de ceux qui se sont élevés le plus haut dans l'opinion de la France l'ont trahie; pour Pichegru, il ne peut y avoir de doute; je voudrais qu'il y en eût relativement à Moreau. Hoche lui-même... Franchement, au 18 fructidor, sa conduite m'a paru au moins louche. Pour qui travaillait-il? Quant au premier consul, pourrait-on citer une seule de ses actions qui n'ait eu pour but la grandeur et la gloire de la France? Quel est l'homme dont le génie a su, comme le sien, deviner, pour ainsi dire, la valeur des hommes et les mettre, chacun à la place qui lui convient?

J'écoutais Eugène s'exprimer de la sorte avec un plaisir que je ne saurais peindre. Il parlait avec une entière conviction; son langage était celui d'une ame vertueuse, d'un cœur reconnaissant, et, sans la partager tout-à-fait, je m'identifiais avec son admiration pour le premier consul. Sur ce sujet, il ne tarissait jamais; je recueillis avec empressement ce qu'il venait de dire et ce qu'il ajouta.

— Le premier consul, poursuivit-il, n'est pas moins grand à nos yeux, à nous qui le voyons pour ainsi dire en robe de chambre, qu'à ceux qui ne le contemplent qu'élevé sur le piédestal de sa gloire; sa simplicité même est sublime. Mais sa mission n'est pas achevée: vous le verrez lorsque, libre des obstacles dont les républicains cherchent encore à entraver sa marche, il pourra exécuter tout ce qu'il a conçu pour la gloire et le bonheur de la France. Quand la volonté de la nation l'aura proclamé empereur des Français, il lui faudra une maison de souverain, des gentilshommes, des chambellans, des écuyers, des pages, des officiers pour tous les services d'honneur, une grande aumônerie ; est-ce pour lui qu'il s'environnera de la splendeur indispensable au souverain d'une grande nation ; sa gloire en sera-t-elle plus éclatante ? vous ne le croyez pas ; mais, que de fortunes nouvelles pourront s'élever et grandir à l'ombre de la sienne ! que de places à donner !... Et aussi, que de solliciteurs ! ajouta Eugène en souriant ; pour moi j'en suis tellement assailli, que je ne sais auquel entendre, et malheureusement je ne puis pas obliger tout le monde.

— Mais, dis-je, où trouvera-t-on les élémens de cette brillante cohue que l'on appelle une cour ? Le niveau de la révolution n'a-t-il pas égalisé toutes les têtes ?

—Eh! mon Dieu, ce sera la moindre des difficultés. Savez-vous qu'à l'exception de votre nom, ma mère a déjà inscrit sur ses listes tous ceux de nos anciens amis.

—Comment! à l'exception de mon nom! de grace, expliquez-moi ce que cela veut dire?

— Cela veut dire que ma mère n'a voulu inscrire personne sur la liste des aspirans aux charges de la maison impériale, sans que ceux-ci en aient fait la demande ou du moins manifesté le désir d'y être compris. Le nombre en est déjà considérable, et, je vous répète, vous êtes le seul de nos intimes qui ne se soit pas présenté. Ma mère en a fait la remarque avec peine, comme je vous l'ai déjà dit : ne pourrions-nous plus compter sur votre attachement, ou pousseriez-vous jusque-là votre abnégation pour les choses de ce monde?

—Aucun de ces motifs, vous pouvez le croire, ne m'a déterminé à ne point me ranger parmi les solliciteurs. Je vous avouerai tout franchement que, retenu par la crainte de montrer trop d'empressement, j'ai même rendu mes visites plus rares. Mais s'il ne faut que me mettre en avant, je puis vous donner l'assurance que personne plus que moi ne sera flatté et honoré d'appartenir au premier consul et surtout à madame Bonaparte.

Eugène était de loisir, car nous prolongeâmes encore long-temps cet entretien dans la cour des Quatre-Nations où nos pas nous avaient dirigés presque machinalement. Il me parla encore de quelques tracasseries d'intérieur qu'éprouvait sa mère; je ne me les rappelle pas assez exactement pour essayer de les rapporter ici, mais ce souvenir me servira de transition pour raconter quelques faits relatifs à la nouvelle maison impériale et à l'épuration forcée de la société de madame Bonaparte. Cela me mettra dans l'obligation de reprendre les choses d'un peu plus haut. J'ai déjà dit, et je ne saurais trop le répéter, que ma plume me guide bien plutôt que je ne la guide moi-même, que j'enregistre mes souvenirs dans l'ordre où ils se présentent à ma mémoire, et que cet ordre semble prendre à tâche de tromper les exigences de la chronologie.

Avant la révolution, madame de Beauharnais, quoi qu'on en ait pu dire depuis, ne voyait que très-bonne compagnie; mais, la révolution venue, qui ne ressentit le choc qui disloqua toute la société? Les femmes composant la bonne compagnie étaient émigrées, en prison ou cachées. Quelques unes, en très-petit nombre, se réunissaient encore, mais c'était en tremblant et à la dérobée. La plupart étaient sans fortune; beaucoup même, sans moyens d'existence, travaillaient pour vivre, et ne retiraient qu'un médiocre salaire des ouvrages de leur sexe. Les richesses étaient passées entre les mains des fournisseurs, des agioteurs, des accapareurs, des gens de loi, des agens militaires, des commissaires des guerres, des inspecteurs, ordonnateurs, entrepreneurs et grands munitionnaires généraux; sans compter cette tourbe de gens sans état avoué, que l'ébullition révolutionnaire avait jetés à la surface.

D'où tout ce monde-là sortait-il, à de rares exceptions près? Peu l'auraient avoué; quelques uns même auraient été fort embarrassés de le dire. A ces hommes il fallait des femmes qui ne fissent pas disparate avec eux ; aussi leur bonne compagnie se composait-elle d'un assortiment complet de vivandières, d'ouvrières, de grisettes, de filles entretenues et de quelques actrices. Dans une autre catégorie venaient les femmes divorcées une, deux ou trois fois ; les veuves véritablement veuves ; et celles qui n'avaient jamais été mariées ; celles-ci—pardonnez-moi la comparaison—étaient les chanoinesses du temps. Il y avait encore les femmes d'émigrés dont les maris, étaient restés outre-Rhin, et qui venaient solliciter leur rentrée en France ; puis, les religieuses expulsées de leurs couvens et relevées de leurs vœux par le despotisme de la loi. Il y avait encore, et combien celles-là étaient intéressantes ! de jeunes orphelines ou de jeunes filles laissées enfans par leurs parens, et qui grandissaient sans savoir à quelle classe, à quelle famille elles appartenaient ; d'autres, confiées à la surveillance désintéressée de quelques vieux serviteurs, pendant que leurs parens se tenaient cachés. A cela il faut joindre l'innombrable essaim de femmes de province accourues à Paris de tous les districts de la France pour solliciter des radiations, mainlevées de séquestre, ou former opposition à des ventes illégales; et des créancières des ci-devant nobles, et des myriades d'intrigantes, de voleuses — il faut bien que j'emploie ce mot — parmi lesquelles il s'en trouvait de très-jolies, ou du moins de très-agréables, et auxquelles rien ne coûtait pour obtenir ce qu'elles avaient à réclamer dans les bureaux.

Je ne charge point le tableau du pêle-mêle de femmes qui se démenaient alors dans Paris. Or, quelle pouvait être la position d'une femme qui avait respiré les parfums de la bonne compagnie, jetée, par nécessité ou pour défendre les intérêts de ses enfans, dans ce dédale de vices et de corruption? Et puis, comment se reconnaître au milieu de la confusion des noms? Un grand nombre des membres de la noblesse avait quitté le sien par prudence; libre au premier venu de s'en emparer; et plus d'un intrigant ne s'en fit pas faute. Telle famille était obligée de se débaptiser chaque mois, quelquefois même chaque décade. C'était le seul moyen d'échapper à la surveillance dont on était devenu l'objet sous le nom précédemment emprunté ; souvent le mari portait un nom, la femme, un autre, et les enfans, un troisième. Était-il possible de savoir à qui l'on avait affaire. Parlait-on à la marquise de B...? elle était en cornette ; à sa femme de charge? celle-ci était élégante et parée de bijoux. Ce beau monsieur en carmagnole était-il le duc de..... ou son cocher? leur costume était le même. Un jeune homme, à ma connaissance, muni des papiers appartenant à une famille très-distinguée de la Touraine, se fit passer pour le fils aîné de cette famille ; il était le fils de son huissier. Vous entendiez une dame déplorer, pour vous intéresser, la perte de sa fortune, de son château, de ses terres, de ses diamans, de son équipage ; avant de se livrer à la prostitution, elle avait ouvert des huîtres à la porte d'un cabaret ; depuis, un spéculateur du perron, un banquier, comme ils s'appelaient tous, l'avait épousée dans l'espoir de lui faire rendre sa brillante fortune et d'en profiter. En un mot, la confusion était telle, qu'il fallait se condamner à vivre seul, ou se confier au hasard pour les liaisons que l'on formait.

En vérité, il était si difficile de marcher sur un pareil terrain, que, si le pied a glissé à quelques femmes de l'ancien régime, je n'ose leur jeter la pierre. Celles-ci, quand elles avaient quelque influence, devenaient de puissantes protectrices auprès des coryphées du jour, et ma rigidité n'irait pas jusqu'à faire un crime d'une faiblesse qui aurait sauvé la vie à un père, à une mère ou à une sœur. Avant toute chose, plaçons-nous à l'époque dont nous parlons, si nous voulons la bien juger.

CHAPITRE V.

N'ÉTANT point émigrée, la veuve du ~~marquis~~ *vicomte* de Beauharnais, restée à Paris, avait été jetée, par la force des circonstances, dans cette société mélangée et dissolue dont je donnais tout à l'heure une esquisse; il ne m'appartient pas de scruter sa conduite personnelle; je n'ai ni à l'accuser ni à la défendre, et je laisse à chacun son libre arbitre, soit pour admettre, soit pour rejeter les imputations vraies ou supposées dont elle a été l'objet; que si, d'ailleurs, sa vie de femme ne fut pas exempte de tout reproche, que l'on pèse dans la même balance ce qu'elle a pu faire de mal et tout le bien qu'elle a fait, et le mauvais bassin sera bien léger. Toujours est-il vrai qu'elle se trouva lancée, avant et après son mariage avec le général Bonaparte, dans un monde dont la fréquentation ne pouvait plus convenir à la femme du chef de l'État. Or, c'est une chose extrêmement délicate dans la vie, que la nécessité de répudier des amitiés, de briser des liens formés à une autre époque; on accuse l'orgueil, quand les temps sont changés, de ce qui n'est qu'un hommage souvent pénible, rendu aux convenances. Il arrive même que quelques attachemens sincères naissent au milieu de ces conflagrations sociales, lorsque surtout on s'y rencontre avec des personnes qui ont eu le même point de départ; on se recherche alors comme le feraient deux compatriotes que le hasard aurait conduits dans un pays barbare; quand il faut se quitter, le sacrifice est toujours douloureux.

C'est ce qui arriva à madame Bonaparte. Tant que son mari n'avait été que général, sa position la contraignit à voir des femmes attachées à l'ordre des choses alors régnant. Sans doute la délicatesse de son esprit lui avait fait faire un choix parmi les personnes qui fréquentaient les salons du directoire; mais, dans ses choix mêmes, il se trouva des personnes dont la réputation, à tort ou à raison, offusqua la rigidité naturelle du premier consul qui, depuis son avènement au pouvoir jusqu'à sa chute, se montra toujours implacable pour tout ce qui choquait trop ouvertement la morale publique. Parmi les amies de madame Bonaparte, il en était une dont la célébrité est devenue universelle par l'éclat d'une beauté qui n'eut que peu de termes de comparaison; et ce fut précisément celle que Bonaparte, devenu premier consul, mit avec le plus de sévérité au ban de sa maison. Malheureusement c'était précisément celle dont la liaison avec madame Bonaparte était le plus intime. Long-temps on les avait vues presque toujours ensemble; elles paraissaient unies comme auraient pu l'être deux sœurs.

Tout le monde sait que mademoiselle de Gabarrus, fille d'un riche banquier espagnol, avait épousé, avant la révolution et étant presque encore enfant, le marquis de Fontenay; personne n'ignore que, divorcée d'avec son premier mari, elle épousa en secondes noces le trop fameux représentant du peuple, Tallien. On l'a accusée d'avoir partagé les opinions démagogiques de ce personnage; d'autres l'ont disculpée de cette accusation, prétendant qu'au contraire elle avait souvent muselé le tigre dans ses plus grands accès de rage. Comme elle a eu beaucoup d'amis et beaucoup d'ennemis, il serait permis de supposer un peu d'exagération dans le blâme et dans les éloges dont elle a été l'objet. Peut-être serais-je plus à portée qu'un autre d'établir la part de la vérité entre ces deux jugemens contradictoires, moi qui ai vécu à cette époque fatale, moi qui ai vu par circonstance ce monde que je ne me rappelle qu'en frémissant; mais un cas de conscience me fait un devoir de me récuser à l'égard de madame Tallien. Je ferai seulement observer que les livres et les journaux contemporains de cette désastreuse époque n'ajoutent que très-peu de compensations aux actes répréhensibles dont ils accusent madame Tallien ; tandis que les justifications ne sont venues que long-temps après, depuis surtout qu'elle eût changé son horrible nom pour le beau nom de princesse de Chimay.

Quoi qu'il en ait été des rumeurs populaires répandues sur le compte de la belle madame Tallien, deux choses sont certaines : l'affection réelle que ressentait pour elle madame Bonaparte, et la répulsion invincible, je dirais presque le mépris, qu'elle inspirait au premier consul. Long-temps il avait renfermé en lui l'insupportable contrariété que lui causait une pareille intimité ; il n'en avait rien manifesté au dehors durant ses miraculeuses campagnes d'Italie et d'Égypte ; mais dès le lendemain de son établissement au Luxembourg, après le dix-huit brumaire, il signifia positivement à sa femme qu'elle devait renoncer à voir madame Tallien. On verra plus tard que plusieurs autres belles dames furent comme elle mises à l'index ; mais cette injonction, en ce qui les concerna, fut moins pénible pour madame Bonaparte. Quoiqu'elle sût qu'il n'y avait guère

à revenir sur les prescriptions conjugales, dans le premier moment, celle-ci ne se tint pas pour battue; elle prodigua les douces représentations, les bouderies, les prières, les larmes même : rien n'y fit, il fallut se soumettre.

Maintenant, je me fais écho : ce qui suit m'a effectivement été raconté, plusieurs années après, par l'impératrice Joséphine elle-même, et, à cette époque, il était facile de voir qu'elle regrettait encore que Bonaparte eût mis tant d'exigence à la séparer de son amie.

Après le renversement du directoire, la foule des courtisans — car tous les gouvernemens en ont — continua à prendre le chemin du Luxembourg où, par un singulier effet du hasard, Bonaparte demeura précisément cent jours, durée de son règne de 1815. Comme madame Tallien et madame Bonaparte avaient vécu dans l'habitude d'échanges de visites et de ces petits billets du matin que les femmes ont tant de plaisir à s'écrire, même quand elles n'ont rien à se dire; madame Tallien fut surprise de voir ses billets sans réponse, quoiqu'elle eût pu remarquer que depuis le retour d'Égypte du général, elle était pour plus de moitié dans la correspondance. Cependant, madame Tallien n'avait pas été une des moins empressées à venir féliciter Bonaparte sur sa miraculeuse traversée au milieu de la flotte anglaise. Ses félicitations furent reçues dès lors avec une extrême froideur, ce dont elle fut un peu piquée, mais sans s'en inquiéter autrement, n'étant point dans la confidence du grand événement qui se mûrissait en secret; elle se contenta de dire à madame Hainguerlot, autre beauté célèbre du temps : « C'est un ours mal léché. » Dans la conversation elle ajouta : « Il faut laisser passer sa mauvaise humeur, et puis il me verra si souvent, qu'il s'accoutumera à ma figure. Il ne me parlera pas?.... hé bien, j'en suis toute consolée; je m'en dédommagerai avec sa femme. »

J'ignore si le propos de madame Tallien fut rapporté à Napoléon; l'impératrice n'a rien dit qui fût relatif à cela; mais voici ce qui se passa au Luxembourg, presque immédiatement après l'installation du premier consul.

On avait fait une liste des personnes auxquelles

les premières visites seraient rendues, au moins par des cartes, attendu qu'il ne fallait pas tout d'un coup rompre en visière à la sainte égalité, et qu'il existait encore des puissances secondaires dont le premier consul ne voulait pas heurter la vanité. Bonaparte fit personnellement très-peu de ces visites, et, comme on savait combien son temps était précieux, les susceptibilités les plus robustes ne purent lui en vouloir; mais il n'en pouvait être de même de madame Bonaparte, car, dans ces premiers temps, la femme du chef de l'État n'était rien dans le gouvernement. Elle alla d'abord une ou deux fois chez madame Tallien, mais presque en cachette, et elle sut que celle-ci était venue chez elle plusieurs fois sans être reçue, ce que madame Bonaparte ignorait. S'étant informée, elle apprit que le valet de pied, chargé d'annoncer, avait reçu l'ordre, chaque fois que madame Tallien se présenterait, de ne pas la laisser entrer. Cependant, et précisément le jour où le premier consul avait intimé à sa femme la défense que j'ai rapportée, madame Tallien, étant venue de bonne heure, fut admise : l'argus ordinaire n'était pas là.

Encore sous l'empire de la vive émotion qu'elle venait d'éprouver, madame Bonaparte, voyant la belle Espagnole entrer inopinément dans sa chambre, demeura tout interdite. Peu de visages se prêtaient aussi mal à la dissimulation que celui de Joséphine; et cependant que de longues et de cruelles études elle a dû faire pour que l'expression de sa physionomie ne trahît pas sa pensée! Voyant donc, au premier coup d'œil, qu'un sombre nuage venait de passer sur cette figure ordinairement si bienveillante:—Qu'as-tu donc? lui demanda madame Tallien — car on se tutoyait alors. — Madame Bonaparte ne put répondre. Des sanglots étouffèrent sa voix, et je ferai remarquer, à cette occasion, que j'ai connu bien peu de femmes qui pleurassent avec autant de facilité qu'elle. Hélas! le don des larmes était pour elle un don providentiel; la malheureuse et excellente femme n'a eu que trop souvent à en faire usage, surtout pendant les dernières années de sa vie. Ce fut en pleurant qu'elle embrassa madame Tallien; et quand elle fut un peu remise, elle lui avoua la cause de son chagrin et lui raconta la scène qui venait de se passer un moment auparavant. Cependant, comme le soin constant de Joséphine était d'adoucir tout ce qui pouvait être désagréable, elle rapporta tous les torts sur de méchantes langues qui sans doute l'avaient calomniée.

Madame Tallien, piquée au vif par la défense si expresse du premier consul, eut toutefois la force de concentrer son indignation et se récria seulement sur l'indignité de ceux qui l'avaient noircie auprès du premier consul. —Rien de plus faux, dit-elle, que tout ce que l'on a débité sur mon compte, sur les amans qu'on me prête, sur la conduite qu'on me suppose, sur mes opinions même pendant le plus fort de la révolution; il y a des hommes dont je puis mépriser l'opinion, mais je tiens à détromper Bonaparte; je veux lui faire voir combien il a été induit en erreur, et je puis lui en donner la preuve.

—Ma chère ~~Eugénie~~ Thérésita, dit madame Bonaparte, je ne saurais te dire combien j'approuve cette résolution. Oui! tu te justifieras de tout auprès de lui; il révoquera son maudit ordre, et je n'ai pas besoin de te dire combien je serai heureuse de conserver ma meilleure amie.

C'eût été un spectacle ravissant pour quelqu'un qui, caché dans un coin de l'appartement, eût pu voir les tribulations et les épanchemens d'amitié de ces deux femmes dont l'une était la plus belle de son temps, comme madame Récamier surgissait alors sur la scène du monde pour en être la plus jolie, et dont l'autre offrait le plus parfait modèle de l'élégance et de la grace. Leur plan arrêté, elles se séparèrent, et madame Tallien quitta le Luxembourg après être convenue qu'elle y reviendrait le lendemain à l'heure où le général pourrait la recevoir.

Madame Bonaparte, dont la constante étude était d'épier les bons momens de son mari, possédait un trésor de charmes et de séductions qu'aucune autre femme peut-être n'a possédé comme elle; la souplesse de sa voix se repliait en mille accens flatteurs; son sourire et son regard avaient quelque chose de si caressant, que souvent elle parvenait à désarmer Bonaparte; mais il fallait qu'elle eût laissé au calme le temps de succéder à l'orage; et il arrivait qu'après une scène un peu vive, Bonaparte était moins inaccessible à la séduction. Ce jour-là, elle prit bien son temps, et, après toutes les précautions indispensables pour ne le point choquer, elle le supplia de permettre que madame Tallien fût admise à se justifier devant lui.

D'abord Napoléon se cabra au nom de madame Tallien; il fronça le sourcil selon son habitude, lorsque quelque chose lui déplaisait, ce qui lui donnait une ressemblance avec le Jupiter des anciens, car c'était ordinairement un signe précurseur de l'orage. Madame Bonaparte, qui s'en aperçut, aurait voulu reprendre ses paroles, lorsque Napoléon se ravisant : « Soit, dit-il, qu'elle vienne. » Puis il se mit à parler d'autre chose, et Joséphine crut avoir remporté la victoire.

Ce n'était pas une victoire. Le lendemain, madame Tallien arrive parée, portant, suivant l'usage du temps, une tunique grecque, coupée sur un dessin de Girodet, et dont l'étoffe était légère et transparente, quoique nous fussions alors au mois de novembre : un châle de mousseline brodé d'or se jouait comme un nuage autour d'elle sans rien cacher des épaules ni de la poitrine ; son pied, libre et blanc, au lieu d'être emprisonné dans un soulier, se dessinait sur une sandale ; à son orteil brillait un énorme diamant, et ses bras nus jusqu'à l'épaule étaient comme crénelés de brasselets d'or enrichis de camées antiques, tandis que sa tête, également nue, resplendissait couronnée des plus beaux cheveux noirs qu'il soit possible d'imaginer.

Habituée à la voir sous ce costume de déesse, madame Bonaparte ne put toutefois s'empêcher de l'admirer. Après un échange de mots gracieux, elle lui demanda où étaient les preuves qu'elle apportait au premier consul : — Il lui en faut, ajouta-t-elle, car — et je ne sais quelle pensée lui suggéra cette réflexion — ce n'est point un homme comme un autre. Ses preuves !... madame Tallien se regardait alors dans une psyché où son image se reflétait de la tête aux pieds ; aussi se mit-elle à sourire, et, dans une conversation brillante dont seule elle fit tous les frais, elle assura qu'elle s'était munie de toutes les preuves, et que le premier consul en reconnaîtrait l'authenticité. Joséphine fut loin de partager la sécurité de madame Tallien : elle connaissait trop bien son mari !

Cependant Bonaparte, qui avait donné l'ordre de le prevenir de l'arrivée de madame Tallien chez sa femme, entre tout à coup, et referme la porte encore plus brusquement qu'il ne l'avait ouverte. Josephine, épouvantée, s'enfuit dans un cabinet attenant à sa chambre; madame Tallien surprise, effrayée même, se lève précipitamment et reste immobile, lorsque Bonaparte, d'un ton grave et sévère, mais sans colère, lui dit : « On vous a calomniée, dites-vous? prouvez-le-moi, Madame, et justice vous sera rendue. »

Ce ton, qui était déjà celui d'un maître absolu, et cette manière d'aborder une question sans formes oratoires, étonnèrent tellement madame Tallien, qu'elle en fut atterée ; sa grace trébucha, ses minauderies furent en défaut ; ainsi, elle, habituée à vaincre, à triompher de tous par sa seule présence, elle se vit réduite à la nécessité de se défendre, ce qu'elle fit en formulant une plainte contre la méchanceté de ses ennemis.

— Madame, ce sont des mots, dit Bonaparte après l'avoir assez patiemment écoutée ; il me faut des faits positifs, des preuves évidentes. On vous accuse d'avoir participé aux actes sanguinaires de Tallien, et d'avoir trempé dans ses persécutions à la mode de Robespierre.

A ces mots, un cri de noble indignation sortit de la bouche de madame Tallien; des larmes généreuses coulèrent sur ses joues, et son geste eut quelque chose de si éloquent, de si vrai, que le premier consul en fut frappé.

— Allons, allons, remettez-vous, expliquez-vous.

Alors madame Tallien prenant la parole n'eut que peu de peine à lui démontrer combien ces imputations étaient mal fondées ; elle énuméra les services qu'elle avait rendus, nomma les nombreuses victimes arrachées par elle à la proscription et à la mort; celles dont elle avait empêché la ruine, et invoqua une foule de témoignages qui ne lui manqueraient point au besoin. Elle fut si persuasive, que Napoléon l'interrompant :

— Allons, voilà qui est bien, lui dit-il; il ne me reste plus aucun doute sur ce premier chef d'accusation ; je vois avec plaisir que l'on m'avait trompé : vous avez empêché autant de mal que vous l'avez pu ; vous avez même réparé celui que vous n'avez pu prévenir, et c'est à tort que la haine vous a associée aux cruautés si justement reprochées à votre mari. N'en parlons plus et passons au reste.

Le reste !... Vous savez de quoi il était question; mais, avec la meilleure volonté du monde, et malgré l'incognito dont il m'a convenu de me couvrir, je me vois dans la nécessité d'invoquer le *huis-clos*, de passer sur l'interrogatoire, sur les plaidoiries et de me borner à faire connaître le jugement. Tout ce que je puis laisser deviner c'est que la scène fut des plus bizarres, la séance longue et pénible, et que le nouveau César ne ne laissa point prendre aux charmes et aux séductions de la moderne Cléopâtre. — Madame, lui dit Napoléon, la femme de César ne doit pas être soupçonnée même injustement ; la mienne ne doit avoir dans sa société que des personnes assez heureuses pour n'avoir rien à craindre de la calomnie ; c'est vous dire la nécessité où elle sera de se priver de vos visites jusqu'au jour où, forte de votre innocence, vous aurez renversé la muraille qui doit désormais vous séparer l'une de l'autre. J'en suis fâché, mais il le faut ; le monde a les yeux sur moi. Adieu, Madame.

Bonaparte prononça ces deux derniers mots d'un ton radouci, presque bienveillant, et les accompagna d'un regard capable de tempérer l'amertume de ce qui avait précédé, si la belle condamnée eût pu le remarquer dans l'état d'agitation et d'humiliation où elle était. En se retirant, Napoléon fit assez de bruit en rejetant le battant de la porte, pour que madame Bonaparte pût l'entendre, et elle accourut auprès de son amie. La brusquerie du départ avait suffi pour l'éclairer sur le résultat de l'entrevue, et elle jugea que tout était fini, même avant d'avoir vu les larmes de dépit qui sillonnaient le visage si régulier et d'une si belle paleur de madame Tallien. Joséphine ne chercha point à la consoler; elle pleura avec elle, lui renouvela les protestations d'une amitié que rien ne pourrait éteindre, et ce mot lui échappa avec un profond soupir : « Hélas! je ne sais ce qu'il réserve à l'Europe, mais s'il la traite avec autant de sévérité que les siens!... » Madame Bonaparte ne put achever.

CHAPITRE VI.

Un des mots qui sortaient le plus habituellement de la bouche du premier consul, au moment où il s'occupait de tout réorganiser en France, était celui-ci : « Je veux que mon gouvernement soit un gouvernement honnête. » Vous venez de voir quelle application il fit de ce principe, mais il ne se borna pas là. Cette sévérité lui fit des ennemis et surtout des ennemies qui devinrent dangereuses pour l'empereur, et contribuèrent par la suite à ébranler son trône.

Cette clique de femmes — car je n'ose appeler cette association une ligue — eut pour chef madame Tallien qui sans doute avait des motifs réels pour se plaindre; madame de Staël qui, elle, avait la prétention d'avoir été outragée par Bonaparte, et enfin madame Récamier, bien désintéressée sans doute dans la cause des femmes dont le premier consul suspectait les mœurs, et qui aurait dû se contenter de régner en souveraine par sa beauté extraordinaire, sans se jeter dans mille et une petites intrigues. Cette réunion fit, avec le temps, des prosélytes; elle devint le foyer d'une opposition haineuse, vindicative, qui poursuivit Napoléon jusqu'à sa mort. Ces femmes lui firent dire un jour ce mot caractéristique : « La haine en jupon ne meurt jamais. » L'empereur avait raison.

Mesdames S... P... R... N... O... A... C... S. W... F... H... G... L... R.., que tout le monde a connues aussi bien que moi, furent comprises dans la même mesure d'exclusion que madame Tallien. Je me rappelle, à cette occasion, qu'étant de service à Fontainebleau lors du dernier séjour de l'empereur dans cette magnifique résidence, je lui entendis raconter à lui-même les causes de la sévérité qu'il mit à épurer la société de Joséphine, et ensuite sa cour. Selon l'ordre du temps, je devrais peut-être garder ce souvenir pour une autre époque; mais, puisqu'il me vient en ce moment, je l'accueille dans la crainte qu'il ne m'échappe. Je dirai d'abord à quelle occasion l'empereur prononça les paroles que j'ai recueillies.

Un soir donc, étant à Fontainebleau, je me promenais dans le parterre du château à l'heure où le jour commençait à baisser, lorsque je vis une dame élégamment parée qui semblait chercher de l'œil quelqu'un à qui elle pût s'adresser. Mon costume lui ayant révélé mes fonctions, elle vint à moi et me pria de lui faire obtenir une audience de l'impératrice. C'était alors Marie-Louise, et ce qu'elle me demandait était trop en dehors des habitudes de la cour pour que je pusse me charger d'une pareille sollicitation. Je le lui expliquai le plus poliment du monde, mais elle n'en tint compte, insista avec opiniâtreté, me montra je ne sais quels papiers qu'elle tenait à la main, et, de guerre lasse, me quitta enfin en me témoignant son mécontentement par des gestes que tout le monde aurait pu remarquer.

Ce soir-là il y eut cercle à la cour; puis, on se promena dans la Cour-des-Fontaines. Je ne sais pourquoi l'empereur, s'appuyant sur le prince Berthier, et passant près de moi, se mit à rire et me fit signe d'aller à lui; j'eus bientôt franchi les groupes qui nous séparaient.

— Hé bien! monsieur le comte, me dit-il, vous avez tantôt soutenu un rude assaut contre une volonté bien impérieuse; je ne vous savais pas en liaison intime avec la baronne de G.....

— Il est vrai, répliquai-je, que mes rapports avec cette dame sont légers; je l'ai aperçue dans plusieurs maisons; jamais je n'ai été dans la sienne.

— Mais tout à l'heure ne vous assiégeait-elle pas avec sa constance accoutumée? n'était-elle pas après vous, tenant des papiers à la main.

Je m'aperçus de l'erreur dans laquelle l'empereur était tombé; je la lui signalai.

— Ma foi, dit-il, l'illusion a été complète; j'ai cru voir l'inévitable baronne... En voilà une, dit-il, qui se permet de criailler à voix basse, et pourtant ai-je donc tant de torts envers elle ? C'est une mauvaise langue, critiquant tout ce que je fais ; mais je ne m'en soucie guère. Elle appartient à une grande famille, et était encore très-jeune quand elle entra dans le monde. Elle fut d'abord la maîtresse en titre du ministre de la guerre de Louis XVI ; elle fut si âpre à la curée, que la chute de son amant lui fut en partie attribuée ; ne pouvant espérer un mari dans sa caste, elle épousa un officier de fortune qui devint un bon militaire, mais qui n'a pas su conduire sa femme ; aussi, Dieu sait comme elle a respecté les nœuds de l'hymen !

La révolution l'atteignit comme tant d'autres ; mais elle s'en accommoda assez bien. Le Ciel me préserve de soulever les mystères de sa vie, durant un espace de six années, de 1789 à 1795 : on y trouverait des trahisons envers tous les partis, des dénonciations.... que vous dirais-je, Messieurs, tout ce qui doit faire expulser un individu d'une maison honnête! Ma cour est un sanctuaire, les hypocrites ont seuls le droit de le profaner; car du moins, par leur fourberie, ils rendent hommage à la vertu.

Quant à cette femme, elle s'appelait Justine de V.... Elle tient je ne sais quelle espèce d'hôtel garni, de maison de jeu; c'est chez elle qu'arriva l'aventure funeste de ces deux prétendus royalistes qui, s'exaltant à l'envi l'un l'autre, tentèrent, en sortant, de s'arrêter réciproquement; ils se reconnurent : c'étaient des agens de police du directoire. La maîtresse du lieu les pria d'être plus adroits. Son mari mourut; M. de C..., son amant, la rendit mère d'une fille. Que de faux ont été commis pour donner à cette infortunée une existence légale, pour en faire la nièce et non la fille de la baronne; je sais tout, et si je ne punis pas tout, c'est par égard pour des familles honorables et dont certains membres me servent bien.

Cette femme m'accable de lettres, de notes, de demandes; elle porte son investigation dans cent maisons; et je suis assuré que, dans la pensée de se montrer nécessaire, elle ment, elle calomnie ceux qu'elle fait parler ; jamais je ne l'ai encouragée à poursuivre, jamais je n'ai fait part de sa correspondance à la police ; et voilà, Messieurs, la femme qui se dit victime de mon injustice, qui se plaint de l'abandon où je la laisse; je lui donne pourtant une forte pension ; elle a un titre ; j'ai placé en première ligne son fils légitime, le meilleur, le plus probe, le plus habile des hommes, auquel je n'ai à reprocher qu'un peu trop de hauteur envers ses subordonnés.

Allez, Monsieur, acheva Napoléon en me congédiant d'un signe de tête, ne croyez pas toujours ce qu'on se plaît à dire sur mon compte.

L'empereur ne pouvait deviner les événemens à venir ; le proverbe bien connu, *de race le chien chasse*, recevait dans ce monde-là une fatale confirmation ; je pourrais raconter des faits bien curieux ; mais, comme ils se rapportent à l'an 1830, je les repousse comme étant en dehors de mon cadre ; je vais, en revanche, rapporter une anecdote à peu près dans le même genre et qui a eu pour héroïne madame de S...., l'une de celles que Napoléon refusa avec le plus de persévérance d'admettre au rang des habitans de sa cour.

Madame de S... avait vingt-quatre ans et ne paraissait pas en avoir vingt. Elle était d'une beauté accomplie, mais elle réunissait en elle tout ce que le vice a de plus hideux. Née dans une arrière-boutique, elle devint femme de qualité par son mariage avec M. de S....... son troisième amant. Au surplus, il eût été difficile de trouver un couple mieux assorti; si la femme avait, comme on dit, jeté son bonnet par dessus les murs, le mari était un intrigant de première volée, sans foi, sans honneur, capable de tout pour amasser de l'argent, et doué, quand les circonstances l'exigeaient, d'une impassibilité peut-être sans exemple. J'ai ouï dire qu'un jour, ayant intérêt à faire semblant de dormir, on lui laissa tomber sur la main des gouttes ardentes de cire d'Espagne et qu'il ne fit pas le plus léger mouvement.

Ces deux honnêtes gens venaient de se marier lorsque Bonaparte devint premier consul. Le mari vit ce qu'il y aurait à gagner dans les fournitures des armées ; la femme, si elle était admise dans l'intimité de madame Bonaparte, ce qu'elle acquerrait de crédit ; puis, ayant compté les membres dont se composait, lui compris, la famille de Napoléon, elle pensa qu'il y aurait bien du malheur si elle ne parvenait pas à en prendre au moins un dans ses filets.

Madame de S.... avait pour femme de chambre favorite une ex-bohémienne, charmante petite créature, pleine de grace et de gentillesse. Elle était précisément de l'âge de sa maîtresse à laquelle elle était attachée depuis dix ans et qui l'admettait dans la confidence de toutes ses aventures.

M. de S....., toujours prêt à se mettre en avant, fit offre au premier consul, dès les derniers jours de décembre 1799, d'une somme de six millions et d'un crédit de plus du double. Le trésor public était vide ; Napoléon comprit de quelle utilité lui serait cette somme et il l'accepta. On fit de cet emprunt un mystère profond; Bonaparte l'employa avec une habileté peu commune, mais ne fit point usage du crédit. Il régla les termes de remboursement et les intérêts, le tout généreusement, mais sans extravagance.

Au bout de quelques semaines, M. de S.... ayant été admis à une audience, amena la conversation sur sa femme, et dit combien elle serait charmée d'être reçue au Luxembourg.

— Je laisse à la citoyenne Bonaparte le soin de composer sa société comme elle l'entend; je ne m'en mêle en aucune manière. Telle fut la réponse un peu sèche du premier consul qui se mit à parler d'autre chose.

Le fournisseur, ou escompteur, ou manufacturier, ou agioteur, ou même négociant—car je ne voudrais pas signaler sa profession positive—n'y vit pas un refus, mais une soumission pleine et entière à un usage parisien. En conséquence, il vint un beau jour avec sa femme se présenter à la porte du Luxembourg; mais ils ne furent point admis, et on leur dit que la citoyenne Bonaparte ne recevait pas.

Madame de S.... revint seule une autre fois, et ne fut pas plus heureuse; une troisième tentative eut le même résultat, et en outre aucune carte de visite, aucune invitation qui annonçât qu'on avait l'intention de rendre politesse pour politesse. Madame de S.... voyait beaucoup M. de Mondeynard qui a tant fait parler de lui; dans une effusion d'amitié, elle se plaignit de la manière dont ses avances avaient été repoussées.

— Bien! dit-il, oubli de laquais, perte de cartes. Je tirerai cela au clair. Cependant des jours, des semaines s'écoulent, le temps se passe, et M. de Mondeynard prétextait toujours quelque excuse pour ne point donner les explications qu'on lui demandait. Enfin on le pressa si vivement, qu'il fallut bien prendre un parti, et voici comment il s'y prit pour dorer la pilule à madame de S....

— Ma belle amie, lui dit-il, je ne puis plus long-temps vous le dissimuler. On vous a brouillée avec le château des Tuileries. — Le premier consul y avait établi le siége du gouvernement depuis le mois de février 1800. — Avant que vous y soyez admise, il faut faire revenir Bonaparte de je ne sais quelles préventions qu'on lui a données contre vous.

La dessus grands gémissemens de la part de la dame; plaintes à sa fidèle Zeïla, et tout naturellement bon nombre de projets de vengeance; car de quoi n'est pas capable une belle femme humiliée dans son amour-propre. Toutefois le désespoir de madame de S.... ne l'empêcha pas d'aller au Ranelagh, à Mousseaux, à Tivoli, à Frascati, à l'Opéra et au boulevard de Coblentz, enfin de se livrer à tous les plaisirs à la mode.

Coblentz était la promenade favorite de madame de S....; elle y venait assidûment et y remarqua un jour un jeune homme à la tournure distinguée, à la mise élégante et qui ne détournait point les regards de sur elle. C'était ce que l'on appelait alors un *merveilleux*, le règne des *muscadins* ayant fini avec celui du directoire. Il dansait à ravir, se présentait avec grace, enfin il avait toutes les perfections extérieures qui en faisaient un homme accompli

pour les femmes du genre de madame de S....
Sachant qu'elle devait aller au Ranelagh—car, au
bout de peu de jours, on ne s'en tenait plus aux
muets truchemens, comme dit Bélise — le bel inconnu n'eut garde de manquer d'y venir, et là,
grace au rapprochement que permit la danse,
leur connaissance commencée en plein air devint un peu plus intime et ne tarda pas à le devenir encore davantage.

L'inconnu était un jeune homme *divin;* la
facile beauté ne le fit pas languir long-temps
pour l'attacher tout-à-fait à son char. La fable
de celui-ci fit fortune, du moins pour un temps.

— Tel que vous me voyez, disait-il à sa conquête, je serai sans doute appelé un jour aux
plus hautes destinées. J'ai pour père Charles
Bonaparte, et je suis par conséquent frère naturel du premier consul; sa tendresse respectueuse pour sa mère ne lui permet pas de me
reconnaître, tant que cette noble dame vivra.
Il me l'a déclaré avec franchise. Mais aussitôt
qu'il aura le malheur de la perdre, je suis assuré
d'un sort brillant. Je vois mes frères en secret;

ils me donnent tout ce dont j'ai besoin. J'ai sur eux beaucoup d'influence, et ils me refusent rarement ce que je leur demande.

Ces dernières paroles retentirent délicieusement dans l'ame de celle qui les entendit; elle se flatta que son amant parviendrait à l'introduire dans le cercle de madame Bonaparte. Elle lui en parla; il assura que cela ne serait l'objet d'aucune difficulté; mais il fallait attendre quelque temps, parce que, obligé de quitter son appartement pour cause de réparations urgentes, et n'en ayant point arrêté un autre, il allait pour ainsi dire se trouver sans domicile.

— Si vous pouvez vous contenter d'un petit appartement meublé, au second, dans mon hôtel, je vous l'offre; c'est celui d'un de mes beaux-frères, qui est absent. Vous l'occuperez jusqu'à ce que vous ayez trouvé un logement convenable.

Je n'ai pas besoin de dire avec quel empressement l'offre fut acceptée; mais il y avait encore une petite difficulté à lever. Sans doute

M. de S.... n'était point jaloux, mais encore y avait-il un certain décorum à conserver, quelques ménagemens à prendre pour ne pas le forcer en quelque sorte à avoir des soupçons. On chercha un expédient, et la dame l'eut bientôt trouvé. Le prétendu frère de Bonaparte devint, grace à elle, M. de Saint-Estève, et elle en fit son cousin-germain, fils d'une sœur de sa mère, laquelle sœur, pour plus de sûreté, serait morte; il rentrait d'émigration, et son mari, à coup sûr, ne soupçonnerait pas la moindre supercherie.

Tout réussit au mieux; M. de S.... reçut avec beaucoup d'empressement son nouveau parent, et fut très-flatté de le voir environné d'un éclat qu'il ne s'attendait point à trouver dans un cousin de sa femme; il paraissait riche, mais M. de S.... avait de bonnes raisons pour ne pas trop s'enquérir sur l'origine de sa fortune; car il n'aurait pas aimé que l'on remontât à la source de la sienne. M. de Saint-Estève paya d'ailleurs sa bien-venue en faisant sonner bien haut la manière dont il était reçu au château. Il disait

Bonaparte tout court, non pas comme on parle d'un grand homme, mais avec ce ton de familiarité aisée qui suffirait pour rendre ridicule un homme qui ne le serait pas déjà. Ce fut donc avec un ton d'assurance parfaite qu'il dit à ses hôtes : J'ai déjà dit à Bonaparte combien il était mal à lui de ne pas admettre à son cercle madame de S.... qui en serait le plus bel ornement; nous en reparlerons, et vous pouvez être sûrs d'une très-prochaine réussite; c'est une chose que Bonaparte ne peut me refuser.

Madame de S.... était dans le ravissement. Mais malheureusement, pendant que son cousin lui faisait ces belles promesses en présence de son mari et aussi de Zeïla, un domestique entra qui remit une lettre à l'adresse de Madame. Quelle lettre, bon Dieu! Le papier en était sale et gras, l'écriture indéchiffrable, et le style! et l'orthographe!... La fine Zeïla s'en empara tout d'abord, et, en fille bien apprise, fit un mouvement pour la cacher. Mais madame de S..... lui ordonna de la lire; elle hésita. M. de S... insista; elle essaya donc de lire tout bas des caractères hyéroglyphiques dont le sens était : « Madame, vous avez chez vous un homme qui sort du bagne; prenez garde à vos bijoux que vous pourriez perdre aussi bien que votre cœur. »

Zeïla, ayant lu des yeux comme pour étudier *le chiffre* du billet, le froissa dans ses mains et dit avec un air d'indifférence :—C'est un de ces malheureux qui, connaissant la bonté de Madame, s'adressent si souvent à elle pour en obtenir des secours ; je me charge de prendre des renseignemens sur lui et j'en rendrai compte à Madame.

Curieuse à l'excès et se doutant, je ne sais pourquoi, que sa confidente la trompait, madame de S.... s'empara presque violemment du billet et le lut à son tour. Cette lecture lui fit faire toutes sortes de conjectures : de qui pouvait parler l'auteur du billet? Un échappé du bagne! prendre garde à ses bijoux ! Cela pouvait s'adresser aux domestiques de la maison; mais à son cœur !...... Ce dernier avertissement ne pouvait concerner que le beau Saint-Estève ; mais le moyen ensuite de s'arrêter à cette pensée ! Le frère du premier consul !

Cependant, quand madame de S.... fut seule avec Zeïla, elle la gronda de ce qu'elle avait voulu lui dérober la connaissance de cette dénonciation. Zeïla s'excusa sur la présence de M. de S....., sur celle de M. Saint-Estève, et les commentaires recommencèrent entre la maîtresse et sa suivante. Celle-ci dit assez malicieusement que cela ne pouvait s'appliquer à aucune des personnes de la maison; que d'ailleurs la lettre était anonyme, c'est-à-dire ce qu'il y a de plus vil et de plus méprisable au monde.

Zeïla parla avec tant de chaleur, surtout quand elle prononça le nom de Saint-Estève, que tout à coup les pensées de madame de S...... prirent un autre cours, et, pour s'assurer si ses nouveaux soupçons étaient fondés, elle affecta, elle aussi, de parler de Saint-Estève et fit cette exclamation calculée : Si c'était lui !

— Y pensez-vous ? lui, Madame !

— Mais enfin !

— Le frère du premier consul, de Louis, de Lucien, de Joseph Bonaparte!

Madame de S.... crut alors savoir ce qu'elle voulait savoir : plus de doute pour elle : Zeïla est jolie ; Saint-Estève d'une excessive galanterie ; on l'a trompée, ils s'aiment, et la voilà en proie à tous les tourmens de la jalousie, non pas de l'amour, mais de l'amour-propre blessé. Lui préférer une servante ! à elle ! Que voulez-vous? le hasard avait voulu qu'elle ne le fût pas.

A dater de ce moment, tout parut à madame de S..... une preuve de ce qu'elle supposait; la nuit venue, elle sortit, comme pour se fuir, et rentra tard. Zeïla l'attendait comme à son ordinaire, mais celle-ci mit à la déshabiller plus d'empressement que de coutume. Pendant ce temps-là, Saint-Estève, qui venait de rentrer, demanda et obtint la permission de souhaiter le bonsoir à madame de S.... Celle-ci, les yeux incessamment ouverts sur eux, remarqua à n'en point douter un signe d'intelligence, mais la prudence lui ordonnait d'attendre au lendemain pour éclaircir ses doutes.

Demeurée seule, malgré la fatigue qui l'accablait, ses soupçons jaloux ne lui permirent pas de dormir. C'était une de ces belles nuits d'été qui succèdent à une journée brûlante. Tourmentée, inquiète, agitée, madame de S...... se lève; à peine vêtue, elle monte au belvédère qui surmontait l'hôtel pour y respirer un air plus frais, et d'ailleurs elle aura vue de là sur les fenêtres de l'appartement de Saint-Estève; elle pourra voir s'il est seul, et, dans le cas où on la tromperait, elle en acquerra la fatale assurance.

Munie d'une lanterne sourde, elle franchit les degrés, arrive au belvédère et s'y assied plongée dans les réflexions communes aux jolies femmes.... Tout à coup l'appartement de Saint-Estève est éclairé; puis, quelques minutes après il rentre dans l'obscurité... Quelle en peut être la cause? C'est ce dont madame de S.... veut s'assurer; elle descend avec précaution l'escalier du belvédère; arrivée à la hauteur du troisième étage, elle croit entendre quelque bruit; elle prête l'oreille, et ces mots, quoique prononcés à voix basse, lui arrivent distinctement: « Tout le monde dort; avançons. » Il y avait sans doute des voleurs dans l'hôtel ; mais comment ont-ils pu y pénétrer.

Le premier étage était composé de deux appartemens ; celui de madame de S.... et celui de son mari; ces deux appartemens étaient desservis par un grand escalier commun et chacun par un petit escalier. Au second, à droite, l'appartement de Saint-Estève, et à gauche, celui d'un autre frère de madame de S.... Le troisième, en mansardes, contenait, à droite, des chambres de domestiques, et, à gauche, plusieurs pièces dans l'une desquelles on remontait chaque jour la caisse après la clôture des bureaux, établis à l'entresol. Plusieurs portes massives défendaient les approches du coffre-fort, construit en fer, de la plus grande solidité et à l'épreuve d'un coup de main. On comptait si bien sur ces précautions qu'aucun gardien ne couchait du côté de la caisse ; mais on avait placé aux portes et aux fenêtres des ressorts dont le moindre mouvement aurait mis en jeu des sonnettes de sûreté donnant dans la chambre du caissier; pour dernière précaution, les cheminées étaient solidement mûrées. Ainsi **point de craintes** raisonnables à avoir pour des tentatives venues du dehors. Mais, quelle place est imprenable, quand on a des intelligences au dedans?

Madame de S.... devina facilement de quelle attaque nocturne la caisse de son mari était menacée; malgré la terreur qui la glaçait, elle eut la force de s'élancer dans la partie du troisième étage au fond de laquelle était la caisse; par un bonheur inouï, elle trouva ouverte la porte de la première pièce que l'on avait toujours le soin de fermer aux verroux en dedans; elle la referma sur elle, et, ainsi séparée du lieu où elle avait entendu la voix des malfaiteurs, elle ouvrit une fenêtre et appela les domestiques.

Le cocher, le cuisinier, les deux aides, quatre laquais couchaient, comme je l'ai dit, à cet étage; ils furent bientôt sur pied, ayant reconnu la voix de leur maîtresse. Leur surprise fut grande en la voyant si légèrement vêtue, car elle avait à peine ajouté un vêtement à sa chemise; elle les informa en peu de mots de ce qui se passait, et ordonna d'aller éveiller son cousin, son mari, les voisins et d'appeler la garde. Tous se mirent en mouvement. En ce moment, madame de S... s'étant rapprochée de la porte qu'elle venait de fermer, s'aperçut à temps qu'elle était près des voleurs; elle entendit en effet le bruit des assauts livrés à la caisse dans la pièce du fond; alors elle se retira doucement, descendit le petit escalier jusqu'au palier du grand; en passant devant l'appartement de Saint-Estève, ce ne fut pas sans surprise qu'elle le vit ouvert. Elle y entre projetant devant elle la lumière de sa lanterne sourde; elle cherche; personne! L'aurait-on égorgé? Non. Le lit n'était pas défait; sur le marbre de la commode est un trousseau de clés avec divers instrumens de serrurerie, des pinces, des rossignols, des vrilles; elle voit encore des masques posés sur un fauteuil et deux habits jetés sans précaution et encore imprégnés de sueur, preuve qu'on les avait quittés depuis peu d'instans.

Madame de S.... ne prolongea point cet examen que l'on eut le temps de faire plus tard tout à loisir; un coup d'œil rapide avait suffi pour lui faire reconnaître l'état des lieux, après quoi elle était descendue en toute hâte, bien sûre que les voleurs, ne se croyant point découverts, prendraient le temps nécessaire pour achever leur opération, et qu'ainsi, grace aux précautions déjà ordonnées par elle, ils seraient pris en flagrant délit.

Ce fut précisément ce qui arriva. M. de S...... et son valet de chambre qui couchait dans l'intérieur de son appartement, furent réveillés, et toute la maison resta sur pied dans le plus grand silence, écoutant le bruit des marteaux qui retentissait au troisième. Les voleurs étaient au nombre de cinq, et comme ces honnêtes industriels ne s'inspiraient mutuellement aucune confiance, ils travaillaient tous les cinq au siége de la caisse. Déjà, ils n'avaient plus qu'une porte à enfoncer pour arriver jusqu'au trésor et ils redoublèrent d'efforts. La porte céda, tomba en dedans et ils se virent, au moment où ils croyaient n'avoir plus qu'à saisir leur proie, couchés en joue par une douzaine de fusils; ils veulent fuir; même obstacle derrière eux, et ils furent ainsi pris entre deux feux. La police, prévenue à temps, avait fait entrer dans l'hôtel des soldats de la ligne, des gendarmes qui opérèrent dans le plus grand silence.

Mais, hélas! au nombre des voleurs saisis sur le fait était le beau, l'élégant Saint-Estève, le cousin de madame de S..... Nier sa qualité d'emprunt envers son mari, c'était chose impossible; il fallut donc la lui laisser, quelque désagréable que cela fût; sa parenté ne le sauva toutefois pas, la police n'entendant point ces sortes de raisons ; le frère naturel du premier consul fut donc arrêté avec ses complices et condamné à je ne sais quelle peine.

Au moment de son arrestation, madame de S.... était plus morte que vive; cependant tout s'arrangea ; de bons amis intervinrent; ils aidèrent à tromper le mari; celui-ci, bon homme au fond, fit tout ce qu'il put pour la consoler du malheur qui lui était arrivé, se plaisant à répéter:
—On n'est point responsable des fautes d'autrui, et il n'est pas rare de trouver une tache dans une famille recommandable.

Cependant, on finit par savoir la vérité sur cette étrange affaire qui serait venue à la connaissance du public, si, dans ce temps-là, il y eût eu une gazette des tribunaux. Zeïla, toujours bohémienne, entendant sa maîtresse se plaindre continuellement de ne pouvoir être admise au château des Tuileries, imagina de transformer son propre frère en fils naturel du père de Bonaparte. La facilité avec laquelle ce mensonge fut accueilli lui inspira l'idée de pousser l'affaire jusqu'au vol du trésor, ce qui était devenu facile par l'introduction, dans l'hôtel de S..., du fripon Maniro, dit Saint-Estève. La nuit choisie pour commettre le vol, Zeïla trouva le moyen de déranger la sonnette de sûreté correspondant à la porte qui donnait sur le petit escalier; *les frères et amis* se rassemblèrent pendant le jour dans l'appartement de Saint-Estève et y attendirent l'heure à laquelle tous les habitants de la maison se livraient au sommeil; ils pensaient avoir le loisir de consommer leur œuvre, de cacher les sacs d'argent chez Zeïla, leur complice, bien sûrs qu'on n'irait pas faire des recherches chez la confidente de sa maîtresse, et le frère adultérin du premier consul aurait eu tout le temps de se sauver et de travailler sur nouveaux frais.

Quant à la lettre d'avis qui avait donné le premier éveil, elle provenait d'un ancien camarade de Saint-Estève qui avait à se venger de lui. Toutefois, craignant de se brouiller avec ses autres camarades, il s'était borné à un avertissement un peu énigmatique.

Malgré les précautions que purent prendre M. et Mme de S...., chacun de son côté, pour que l'affaire ne s'ébruitât pas, ils ne purent empêcher qu'elle ne parvînt aux oreilles du premier consul; et je vous laisse à juger si, après cela, ils purent parvenir à faire révoquer l'interdiction qui les consignait à la porte des Tuileries. Mon histoire ne serait pas complète, si je n'ajoutais que cette interdiction jeta madame de S.... dans le conciliabule féminin qui poursuivit l'empereur de ses haines; aussi en 1814 se montra-t-elle avec ardeur dans le premier cortége qui salua le retour des Bourbons, et elle reçut en récompense de son opposition un brevet d'excellente royaliste. Pauvres Bourbons !

Je n'en finirais pas si je redemandais à ma mémoire toutes les histoires scandaleuses que j'y ai consignées. Je n'abuserai pas de mes souvenirs, sachant que les conteurs deviennent souvent ennuyeux. Cependant, puisque ma plume a pris cette direction, je vous demande la permission de la laisser courir dans la même voie jusqu'à la fin de ce chapitre.

Qui n'a pas connu madame H...., belle et poète, célèbre à Cythère et au Parnasse, voulant à la fois réunir deux couronnes et aspirer à une double victoire. Le premier consul la comprit aussi dans les exclusions de 1800.

— Je ne veux pas de femme d'esprit, dit-il à son occasion; elles font toutes mon désespoir.

Celle dont je vous parle, se rendit célèbre vers cette époque par une aventure que je vais tâcher de vous raconter, vous demandant grace d'avance pour quelques détails qu'il me faudra bien prendre un peu loin du salon.

Il y avait dans la garde consulaire un jeune lieutenant que madame H.... recevait souvent chez elle et que le hasard y conduisait plus habituellement quand son mari n'y était pas.

Un jour M. H.... dit à sa femme qu'il va à la campagne et qu'il ne reviendra que le lendemain. Précisément le jeune lieutenant vient faire une visite dans la soirée, et la visite se prolonge tant et si bien qu'elle n'était pas terminée, quand M. H...., qui avait maladroitement changé d'avis, revient chez lui, et comme, dans ses mœurs bourgeoises, il ne faisait pas deux lits, il entre sans façon dans sa chambre à coucher, où, pour dire la vérité, il trouve sa femme seule et couchée. Le bruit qu'il avait fait en frappant à la porte de l'hôtel à une heure où tout le monde était rentré, avait donné l'éveil, et le lieutenant avait eu le temps de se réfugier dans le cabinet où couchait la femme de chambre de madame H.... Celle-ci apparemment, malgré la longueur de sa conversation avec le lieutenant, avait encore à lui dire quelque chose de très-intéressant et qu'elle ne pouvait remettre au lendemain, ce qui fit qu'elle eut recours à une ruse, qui, je l'avoue, sent un peu le carnaval, pour pouvoir sortir seule de sa chambre et s'assurer en même temps que son mari ne la suivrait pas. Elle feignit donc une indisposition semblable à celle qui motive si bien la plus belle sortie de tout le théâtre de Molière, celle du *Malade imaginaire* ; mais elle aura peur, seule, la nuit, si son mari n'a pour elle une extrême complaisance ; elle le prie de vouloir bien agiter la sonnette jusqu'à ce qu'elle soit de retour ; ce bruit la rassurera, elle saura du moins que quelqu'un veille à peu de distance d'elle. Le mari se prête à cette fantaisie, et, au bout de quelque temps, madame H.... revient se coucher.

Ceci n'est que le premier acte de ma comédie; voici maintenant le second.

La prudence a contraint le beau lieutenant à passer la nuit dans l'hôtel et il en sort seulement vers huit heures du matin, après avoir couché tout habillé sur un matelas. Cela avait mis quelque désordre dans sa toilette ; afin de le réparer, il entra dans la boutique d'un barbier de la rue du Montblanc. Pendant que celui-ci le rasait, un de ses amis passe dans la rue, le reconnaît et entre lui souhaiter le bonjour. — Que fais-tu là à cette heure? Par quel hasard?..... et mille autres questions. Le lieutenant, dont la discrétion n'était pas la vertu favorite, lui raconte son aventure nocturne, sans oublier, bien entendu, le tintement prolongé de la sonnette, et voilà mes deux étourdis qui rient comme des fous.

J'arrive actuellement au dernier acte dont je pense que vous ne prévoyez encore ni la contexture ni le dénoûment.

Le barbier était précisément celui de M. H..... A son heure ordinaire, c'est-à-dire vers onze heures, il se rend à son devoir quotidien; il entre dans le cabinet de M. H....... où sa femme était avec lui en ce moment. Comme beaucoup d'honnêtes citoyens, M. H.... avait l'habitude de faire jaser son barbier; il savait par lui les aventures du quartier, et, comme le barbier était passablement bavard, il ne demandait jamais mieux que de satisfaire la curiosité de sa pratique. Ce jour-là, mal en prit à M. H...... de se livrer à son humeur interrogative. En effet, le barbier, se souvenant de l'aventure toute fraîche qu'il avait ouï conter dans sa boutique, se mit en devoir d'en régaler M. H......, bien loin de soupçonner de quel genre d'intérêt elle serait pour lui; seulement il montra quelques scrupules motivés sur la présence de Madame. M. H..... insista, prétendant qu'une femme pouvait tout entendre en présence de son mari, et le barbier entama son malencontreux récit. La sonnette! il n'y avait pas moyen de s'y tromper; pareille chose ne pouvait pas être arrivée à deux personnes. Aussi ne partagea-t-il point la gaîté dont le barbier crut devoir assaisonner son récit; toutefois il se contint jusqu'à ce que celui-ci fût parti; mais alors je vous laisse à juger quelle scène il fit à sa femme, quand celle-ci du plus beau sang-froid du monde lui dit :

— Que voulez-vous que j'y fasse, Monsieur. Nier, c'est impossible; si vous faites du bruit, de l'éclat, on se moquera de vous, on rira à vos dépens; le plus sage pour vous est donc de garder le silence.

Après cette allocution, elle se retira tranquillement dans sa chambre, et M. H.... suivit le conseil de sa femme : il garda le silence.

Cependant l'aventure vint aux oreilles du premier consul, et voici comment.

Le coiffeur T..., se trouvant deux ans après, aux eaux de Bagnères, raconta cette histoire à ma table d'hôte et poussa l'indiscrétion jusqu'à nommer les masques. A cette table d'hôte était un agent de la police ; celui-ci enregistra l'anecdote sur son carnet, la transmit à Réal, lequel la mit sous les yeux de Bonaparte. Maintenant je vous laisse à juger si la porte des Tuileries dut être fermée pour madame H..... Cette exclusion fut d'autant plus douloureuse pour elle, que jusque-là elle y avait été reçue.

CHAPITRE VII.

Avant d'arriver à des objets plus sérieux, je veux encore vous signaler un des traits caractéristiques de l'époque qui précéda le rétablissement de l'ordre en France au commencement du siècle. La plupart de ces femmes effrontées, que le premier consul poursuivait si justement, semblaient avoir à cœur de mériter le reproche que l'on se plaît encore à faire, souvent à tort, aux anciennes duchesses : je veux dire qu'elles avaient un goût effréné pour les comédiens et qu'il y en eut qui ne craignaient point de s'afficher en les poursuivant de leurs faciles amours. C'était vraiment un scandale que de les voir au spectacle dévorer des yeux les acteurs à la mode, tels qu'Ellevion aux Italiens et Henri au Vaudeville. Il y en eut même une marquise de B...., qui, à l'occasion de ce dernier, provoqua en duel madame la marquise de S....., accusant celle-ci de vouloir la supplanter. Dans la confusion de tous les rangs, au milieu de la subversion sociale, pourvu qu'une femme fût jolie, elle pouvait aspirer à tout; et d'ailleurs la bonne éducation, l'esprit, les connaissances acquises étaient autant de monnaies rares et ayant à peine cours, tant il se trouvait peu de gens capables d'en apprécier la valeur. La médisance sans esprit, les modes sans goût, les spectacles sans jugement, et une sorte d'intolérable dévergondage, de mots grivois ou à double entente, étaient le fond ordinaire des conversations, dans un monde où les plus huppés descendaient jusqu'à l'insipide calembourg. Le théâtre de Brunet était l'école littéraire la plus fréquentée par la jeunesse, et l'on paraissait *charmant* quand on savait débiter avec assurance les calembredaines des Jocrisse et des Cadet-Roussel. L'éducation des jeunes filles était à l'avenant dans de scandaleux pensionnats où l'on enseignait la coquetterie ; où j'ai vu, notamment à une distribution de prix, de jeunes filles à demi nues exécuter un ballet, et cela sous les yeux de leurs parens qui les applaudissaient comme à l'Opéra. Aucun principe religieux n'était enseigné dans ces pensionnats ; à la vérité on n'accordait plus, comme sous la convention, des primes aux jeunes filles-mères; mais, placées qu'elles étaient entre les mauvais exemples et une mauvaise éducation, il fallait vraiment plus qu'une vertu ordinaire à ces jeunes filles pour échapper à ces deux écueils. Quand on les mariait, elles étaient déjà blâsées sur les plaisirs du monde que les jeunes femmes n'affrontaient autrefois qu'après une année de mariage. Les spectacles enflammaient les sens de ces jeunes filles au point de leur donner toute l'audace du vice, alors même qu'elles avaient encore une innocence que je ne puis appeler autrement que matérielle.

A ce propos je vous raconterai une anecdote que je tiens de celui qui put en être le héros. Talma, que j'ai beaucoup connu, m'a dit qu'un jour, à huit heures du matin, il fut réveillé par son domestique qui lui annonça qu'il y avait là, dans son antichambre, une demoiselle très-jeune et très-jolie qui demandait absolument à le voir tout de suite. C'était un peu avant que Bonaparte revînt d'Egypte, ou quelques mois après, car ma mémoire est infidèle quant à la date. Talma demeurait alors à l'entresol de la maison de Vigier, sur le quai Voltaire. Talma n'était point obligé par état d'être un professeur de bonnes mœurs, mais c'était dans toute l'acception du terme un parfait honnête homme, et vous en pourrez juger par la manière dont il se conduisit dans cette circonstance, où beaucoup de gens, qui passent pour fort estimables, auraient peut-être eu moins de probité que lui.

Dans le premier moment il crut que c'était une de ces beautés nomades et expérimentées que l'on peut traiter sans cérémonie, et, comme ce genre de conquêtes ne lui manquait point, il fit dire tout simplement à la jeune fille qu'il en était bien fâché, mais qu'il lui était impossible de la recevoir.

Le domestique s'acquitta de sa commission, mais il rentra presque immédiatement dans la chambre de son maître pour lui dire que la jeune personne ne voulait pas s'en aller sans l'avoir vu, et qu'elle fondait en larmes. Pensant alors qu'il s'agissait d'un service qu'on venait réclamer de lui, l'excellent Talma changea de disposition et fit prier celle qui était dans la salle à manger, de vouloir bien attendre un moment. Après s'être habillé, il donna ordre de la faire entrer.

Talma lui demande tout naturellement ce qui peut l'amener chez lui à cette heure. Elle, avec toute l'ingénuité de la passion, lui répond que la veille au soir ses parens l'ont conduite au théâtre de la république, qu'elle lui a vu jouer le rôle d'Achille, qu'elle n'a pu dormir de la nuit, qu'elle l'aime, qu'elle obéit à un entraînement irrésistible, et que la crainte de la mort même n'aurait pu l'empêcher de venir le trouver. Malgré tout ce que ce singulier aveu pouvait avoir de flatteur pour l'acteur et pour l'homme, Talma l'écouta avec une sorte de compassion; il essaya de faire à la jeune fille de sages remontrances, mais la rivale d'Iphigénie était tellement inflammable, quoi qu'à peine âgée de quinze ans, qu'elle ne répondit que par une nouvelle explosion de tendresse à la raison du grand comédien. « Ma foi, me disait celui-ci, avec ce ton de bonhomie qui ne le quittait jamais, hors du théâtre, que quand il parlait de son art, ma foi, Monsieur, j'étais on ne peut plus embarrassé; je ne savais en vérité comment faire; pour tout au monde je n'aurais pas voulu perdre cette malheureuse enfant; mais comment la sauver malgré elle? »

Pour lui inspirer de la confiance, Talma ne chercha plus à combattre ses sentimens, il feignit même de les partager; il sut d'elle qu'une heure auparavant son parti était si bien pris, qu'elle avait profité, pour s'échapper, d'un moment où la femme de chambre de sa mère, qui la reconduisait à sa pension, avait le dos tourné, et que, ne sachant pas son adresse, elle avait été la demander au portier du théâtre. Dans la conversation, Talma, sans beaucoup d'efforts, lui fit dire qui elle était et où elle demeurait. Le nom de ses parens était très-connu. Son père, enrichi aux armées et jouant à la Bourse, faisait beaucoup de dépense, ou du moins en laissait faire à sa femme; occupé uniquement de ses affaires, c'est tout au plus s'il savait ce qui se passait dans sa maison.

Le plan de Talma bien arrêté dans sa tête, il ne songea plus qu'à le mettre à exécution. N'ayant point de voiture à lui, Talma envoya chercher un fiacre en recommandant de le faire stationner à l'entrée de la rue de Beaune, où il l'attendrait. Talma avait pour lui-même des précautions à prendre, car il y avait dans sa maison deux yeux qui l'observaient de près et qui ne l'auraient pas vu d'un regard tranquille sortir en si jolie compagnie. D'une autre part, il persuada à la jeune fille de se laisser conduire dans le fiacre, où il ne tarderait pas à la rejoindre pour aller dit-il, déjeuner ensemble aux Champs-Élysées.

La pauvre enfant parut enchantée de ce projet; elle se laissa conduire dans la voiture où Talma ne la laissa pas long-temps seule, ayant eu l'attention de faire dire au cocher où il devrait s'arrêter et d'ordonner à son domestique de l'accompagner.

La voiture s'arrêta à quelque distance de la maison où demeurait la jeune fille, et alors Talma, profitant de l'ascendant qu'il avait su prendre sur elle, la fit consentir, non sans peine, à revoir sa mère, bien déterminé d'ailleurs à ne pas la laisser descendre de voiture avant que son domestique eût rempli la mission dont il l'avait chargé. Il avait écrit à la hâte quelques lignes à la mère de la jeune fille pour la supplier de venir tout de suite et seule au lieu qu'il lui désignait. La malheureuse mère, ayant appris au retour de sa femme de chambre l'escapade de sa fille, accourut poussée par un instinct maternel. En voyant Talma, elle crut que sa fille était perdue, mais celui-ci, lui ayant demandé à elle-même un rendez-vous, la rassura alors et la laissa dans l'étonnement que lui causa la noble conduite d'un comédien.

Talma, en me racontant cette aventure, s'applaudissait surtout de l'idée qu'il avait eue de faire appeler la mère hors de chez elle pour que la jeune fille ne pût pas être compromise dans la maison. Jamais il n'a révélé à personne le nom de la famille intéressée. Je lui demandai s'il avait revu depuis la jeune fille. « Oui, me dit-il, une seule fois, à Erfurth, huit ans après; elle était mariée à un officier supérieur de la garde impériale qui l'y avait amenée. Ce qui vous surprendra beaucoup, ajouta-t-il, c'est que cette jeune folle était devenue une femme très-sage, et je sais que c'est actuellement une excellente mère de famille. Tirez donc des pronostics sur l'avenir des femmes. »

Ce souvenir de Talma me rappelle le nom de Chénier avec lequel il était très-intimement lié, comme il l'a été avec la plupart des célébrités dramatiques du temps et au succès desquelles il a souvent plus contribué qu'elles ne l'ont fait elles-mêmes.

Chénier — Marie-Joseph — qu'il ne faut point on fondre avec son adorable frère, André Chénier, était devenu éperdûment amoureux d'une femme fort remarquable par sa beauté et qui ne manquait pas d'esprit. Elle était grande, brune, d'une taille élégante, et elle figura, sous le patronage de son amant, parmi les femmes à la mode, sous le directoire et jusque sous le consulat. On ne lui connaissait point d'autre nom que le nom de Julie, lorsqu'elle était femme de chambre de la vicomtesse de Far.... Faus....., circonstance que je tiens de cette dernière. La vicomtesse, je ne crois pas vous l'apprendre, avait beaucoup aimé l'Église dans la personne d'un de ses ministres, l'abbé de Jarente, neveu de l'ancien évêque d'Orléans, qui avait sous Louis XV la feuille des bénéfices. Un beau jour, l'abbé préféra la suivante à la maîtresse, et Julie fut enlevée. Un homme de qualité s'en amouracha ensuite, l'épousa, et elle devint la baronne de Les... Je dois me hâter de vous dire que si sa liaison avec Chénier fut illicite et causa même quelque scandale, elle la rendit presque respectable par les soins assidus et affectueux dont elle entoura les derniers momens de Chénier réduit à une pauvreté que l'on pouvait appeler de la misère; elle ne le quitta pas d'un instant et lui prodigua tous les genres de secours.

Chénier avait été non seulement un révolutionnaire effréné, ce qu'on aurait pu lui pardonner comme à tant d'autres, mais il avait ajouté à cela la faute de montrer dans le tribunat une opposition ardente à la fondation de l'empire. En outre on savait qu'il avait en portefeuille une tragédie de *Tibère*, qui a vu le jour depuis la restauration, et que l'on peut regarder comme son chef-d'œuvre; on croyait savoir qu'en traçant la figure de son principal personnage, il avait eu l'empereur en vue. C'était plus qu'il n'en fallait pour qu'on le laissât de côté.

Chénier était donc tombé dans l'oubli lorsque, quelques jours seulement avant sa mort, l'empereur, instruit de sa position par Regnault de Saint-Jean-d'Angely, lui envoya une somme considérable, en lui faisant dire que c'était une année de la pension qu'il lui accordait comme homme de lettres. On a diversement parlé de ce fait; on a voulu faire honneur à Chénier d'un prétendu refus; la vérité est qu'il accepta avec reconnaissance le don de l'empereur, et qu'il eût été mal à lui d'agir autrement.

J'ai su par Regnault de Saint-Jean-d'Angely quelques détails sur la manière dont les choses se passèrent à cette occasion. Napoléon ne pouvait pas souffrir Chénier, et j'en ai dit plus haut les principales raisons; cependant il saisit avec beaucoup d'empressement l'occasion de lui être utile, témoignant le regret de l'avoir laissé dans l'abandon.— Comme homme, dit-il, je puis avoir une opinion défavorable à ses talens; non! je ne puis supporter les sentences révolutionnaires dont il a lardé ses tragédies; mais, en ma qualité de souverain, je regarde comme un devoir de bien traiter un auteur à qui l'opinion donne un rang élevé dans la littérature.

—Sire, répondit le comte Regnault, voilà des paroles admirables ; Louis XIV se montra incapable d'une pareille magnanimité en refusant d'étendre ses bienfaits sur La Fontaine parce qu'il ne l'aimait pas depuis qu'il s'était montré partisan de Fouquet disgracié.

—C'est un fait unique à reprocher à Louis XIV;

mais, croyez-moi, à ma place, il eût agi comme je le fais. Ce temps ne ressemble pas au sien. C'est l'opinion de la France qui m'a fait empereur, et je dois l'écouter dans tout ce qui n'est point contraire aux grands intérêts de l'empire.

Regnault de Saint-Jean-d'Angely, voyant l'empereur dans l'heureuse disposition de parler et de parler de Louis XIV, chercha à le stimuler sur ce sujet en lui disant : — Ainsi Votre Majesté n'est donc point du nombre de ceux qui prétendent que Louis XIV fut un roi vulgaire.

— Vulgaire!... Louis XIV!... c'est un des plus grands princes qui se soient assis sur un trône. Il donna l'impulsion à son siècle, il régna par lui-même. On le conteste, mais c'est à tort. Ignorant, faute d'éducation, il comprit la valeur des sciences, des lettres et des arts. Il a donné son nom à son siècle et ce n'est point là l'œuvre d'une poignée de courtisans; il y faut la sanction du peuple. Il a fait des fautes!.... la belle affaire!.... mais qui n'en fait point; les siennes sont celles du temps. La révocation de l'édit de Nantes!....

voilà le grand cheval de bataille de vos philosophes bavards. Tous les catholiques qui formaient la presque totalité des habitans de la France saluèrent cette mesure avec enthousiasme; avec nos idées du jour, nous la jugeons comme si elle avait lieu aujourd'hui... Non pas moi, au moins, ajouta vivement Napoléon en élevant la voix. Les protestans étaient les révolutionnaires d'alors; ils aspiraient à changer le principe de la monarchie. Louis XIV les chassa de France et il eut raison; ils n'étaient pas d'ailleurs si nombreux ni si habiles, qu'on l'a prétendu depuis. Il y avait de la religion alors, encore même quelque levain de fanatisme, et c'est une rude affaire que de faire vivre en bonne intelligence les sectateurs de croyances diverses. Moi, je le puis, parce qu'il n'y a plus de haines invétérées entre le prêche et la messe. Il y eut beaucoup de bon sous le règne de Louis XIV; *c'est mon roi à moi,* dit-il en souriant. Il ne souffrit jamais que la France fût humiliée par l'étranger; il fut conquérant, cela n'est pas rare; il sut garder ses conquêtes, ce qui l'est beaucoup plus; il travailla sans cesse à simplifier la monarchie, et c'est là le grand problème; une foi, une loi, un roi; voilà ce qu'il voulait, et, après tout, c'est peut-être ce qu'il y a de mieux!

Quand Napoléon parlait ainsi de Louis XIV à l'un de ses conseillers dans lequel il avait le plus de confiance et qu'il chargeait ordinairement de la révision de quelques articles qu'il envoyait directement au Moniteur, il était déjà bien loin de l'époque où nous avons vu le consulat se métamorphoser en empire français. Durant les quatre années qui précédèrent ce grand changement, qui toutefois n'en fut un que pour la forme, le premier consul avait successivement permis à un grand nombre de nos amis de rentrer en France; les lois favorables aux émigrés, promulguées pendant cette période de temps, furent même considérées comme un appel, comme des avances, et, quoi qu'il m'en coûte, je dois convenir que l'émigration en masse se montra peu reconnaissante envers celui dont la main lui avait rouvert les portes de la patrie.

Sur ce point, je ne ferai probablement que réveiller vos souvenirs; car vous avez vu comme moi la fondation de cette oligarchie que l'on a appelée le faubourg Saint-Germain et que Napoléon comparait à une monarchie.

Le rôle des émigrés était depuis long-temps fini à l'étranger; en 1804, il n'y restait plus guère que les serviteurs personnels du roi et des princes de la maison de Bourbon; quelques uns qui ne voulaient point quitter des établissemens avantageux formés par eux à l'étranger ; quelques autres qui avaient trop marqué dans leur acharnement contre la France pour obtenir leur radiation, et enfin le noyau des fanatiques et des incorrigibles qui n'ont jamais fait à l'empereur l'honneur de l'appeler Bonaparte, et qui, même encore aujourd'hui, le nomment *monsieur Buonaparté*. Laissons ceux-ci pour ne nous occuper que de la colonie du faubourg Saint-Germain dont je crois, entre nous, que l'importance s'accrut un peu de celle qu'on lui supposa.

Parmi les émigrés rentrés appartenant aux plus grandes familles, il se trouva quelques casuistes qui établirent une distinction entre la monarchie et la famille du monarque : — Jamais, disaient ceux-ci, je ne me serais rattaché à un gouvernement républicain, sous quelque dénomination qu'il eût existé; je suis royaliste par principe autant qu'ennemi de la souveraineté du peuple; sans doute je suis très-attaché aux Bourbons, je les regrette, mais enfin, puisqu'il y a un trône en France, ma place, comme celle de mes ancêtres, est à côté du trône. — Je ne blâme point ce raisonnement et je ne vous cacherai pas que je m'en suis fait plus d'une fois l'application; est-ce donc que, pour être partisan d'un gouvernement fort et selon son vœu, on n'a pas le droit d'aimer sa patrie, et, lorsque la fatalité veut que l'on choisisse, de la préférer à tout, même à une famille royale!

Si vous n'avez pas connu l'abbé R.... de M.... vous en avez entendu parler, sans aucun doute. On a dit de lui qu'il était méchant comme un loup, fin comme un renard, et spirituel comme un singe; le portrait n'avait rien d'exagéré. Ce fut lui qui fut chargé par le premier consul des fonctions d'investigateur en chef du faubourg Saint-Germain. Je le fuyais comme la peste parce que je connaissais sa conduite dans le midi de la France en 1799; Fouché, dans l'intervalle de son premier à son second ministère, disait à qui voulait l'entendre que l'abbé, après avoir dirigé en partie le mouvement insurrectionnel qui éclata à Toulouse, dénonça ceux que, pour la plupart, il avait mis en avant. On fit périr plusieurs des royalistes pris les armes à la main; quelques uns durent leur salut à la proximité de l'Espagne où ils se réfugièrent, et le plus grand nombre, attendant son sort dans les prisons, ne fut rendu à la liberté que par suite du dix-huit brumaire.

L'abbé de M... était un nouveau Janus, mais non point un symbole de paix; ses deux visages, tournés l'un du côté du faubourg Saint-Germain et l'autre vers la police du cabinet des Tuileries, étaient au contraire deux signes de discorde; il était bien venu dans le noble faubourg dont il irritait les haines un peu vaniteuses par ses diatribes contre Bonaparte, contre un homme de rien, un soldat parvenu; largement rétribué par la caisse consulaire; il trahissait ceux dont il extorquait ainsi les confidences en faisant au premier consul des rapports où il envenimait encore les dispositions de la noblesse à l'égard du chef du gouvernement.

J'ai conservé, dans mes papiers, la copie d'un de ces rapports qui lui furent attribués. Il est à la date du 1er mars 1804. Je le transcris ici, pensant que vous ne le lirez pas sans intérêt.

« CITOYEN PREMIER CONSUL.

« Déjà, depuis un siècle environ, la haute noblesse qui, à cette époque, logeait en majeure partie dans le marais et aux alentours de la place royale, en partit et vint établir son domicile sur la rive gauche de la Seine, dans le quartier appelé faubourg Saint-Germain, à cause de la fameuse abbaye de l'ordre de Saint-Benoît, située en ce lieu, à laquelle appartenait la presque totalité des terrains environnans. La pureté de l'air, la facilité de s'étendre à volonté, le bon marché du sol, la communication avec Versailles sans avoir à traverser la ville ; la proximité enfin des Tuileries, du Luxembourg et du Palais-

Royal où les rois et les princes pourraient habiter, celle des hôtels de Condé et de Bourbon, furent les causes principales de ce changement.

« A l'époque de la révolution (1789), presque toutes les familles qualifiées avaient un ou plusieurs hôtels dans ce faubourg. Les rues de Bourbon, du Bac, de Bourgogne, des Saints-Pères, de l'Université, Saint-Dominique, de Grenelle, de Varennes, de Babylonne, de Sèvres; celles adjacentes des Vieilles-Tuileries de Notre-Dame-des-Champs, les alentours de Saint-Sulpice, du Luxembourg, furent les plus recherchées.

« Quelques transfuges, dans les derniers temps et à la suite du signal donné par madame de Pompadour [1], s'établirent dans le faubourg Saint-Honoré, dans la Chaussée-d'Antin. Mais *ces pays* restèrent principalement affectés au haut commerce, à la Banque et surtout aux fermiers-généraux.

« La révolution dispersa ces grandes familles,

---

[1] Elle acquit l'hôtel d'Évreux, aujourd'hui Élysée-Bourbon.

leurs hôtels abandonnés furent mis en vente, on en acheta peu, on en habita presque aucun. Les gens de la république, ceux du directoire se trouvèrent mal à l'aise dans ces appartemens immenses, magnifiquement décorés ; il fallait pour les habiter acquérir un mobilier riche, massif, dispendieux, et, pour les peupler, une quantité de laquais peu en harmonie avec la manière de vivre des enrichis.

« Ceux-ci d'ailleurs ont leurs habitudes à la Bourse, aux alentours des tribunaux de commerce, de la rue Vivienne, des boulevards, et des établissemens d'industrie ou de négoce ; ils préfèrent les rues Saint-Denis, Saint-Martin, le Marais, vers lequel une impulsion extraordinaire pousse les marchands, et surtout le voisinage du palais Égalité dont le jardin est le quartier-général de l'agiotage.

« Il en est résulté, citoyen premier consul, que, dès la fin du siècle, lorsqu'en revenant en France, vous eûtes consolidé la paix intérieure et la victoire au dehors, les anciens propriétaires des hôtels du faubourg Saint-Germain ont pu, ou y rentrer si ces hôtels n'étaient pas vendus, ou en acquérir d'autres. Par une tendance naturelle ils se sont rapprochés les uns des autres, et ils forment ainsi une population à part, ayant ses mœurs et ses habitudes.

« J'oserai dire au premier consul que cette population presque entière est hostile au nouvel ordre de choses, et surtout les familles du rang le plus élevé.

« Ces familles riches encore, exercent tant en province qu'à Paris, une influence positive. Là, on regrette l'ancienne monarchie; là, on ne cesse de former des vœux pour son retour; là, on prend annuellement le deuil au 21 janvier; là, on fait une opposition continue, sourde, mais active; on correspond avec l'étranger, on lui envoie des notes mensongères sur la situation de la France dont on trahit les secrets; là, on calomnie le premier consul, sa famille, les autorités qu'il a instituées; là, on compose les pamphlets, chansons, épigrammes, caricatures, dont on inonde la république et les États voisins.

« Le faubourg Saint-Germain abhore le système actuel, et ne se réconciliera jamais avec lui.

« Le premier consul doit le faire surveiller attentivement et sans relâche; ses habitans sont riches ou tiennent de près à des gens riches, ce qui les rend tous égaux ; car il y a une égalité admirable parmi ces *ci-devans*. Ils sont en outre d'une bienveillance extrême envers la classe bourgeoise, même avec le simple ouvrier; ils ne parlent à celui-ci que le chapeau bas, ne le tutoient jamais, observant au contraire envers le plus misérable des chiffonniers les formes délicates d'une politesse exquise.

« Comme en ceci ils ne ressemblent aucunement aux nouveaux riches à quelque titre que ce soit, il en résulte que le peuple aime mieux avoir affaire à un ancien noble qu'à un homme du jour; il n'a pour celui-ci que des égards forcés, quand au contraire il prodigue sans peine des marques de respect aux membres des familles d'autrefois. De là à regretter la royauté il n'y a pas loin, d'autant moins que le peuple n'oublie pas qu'il a vu ses égaux, ceux que dans le faubourg Saint-Germain on ne désigne jamais que sous la dénomination de parvenus. Sa soumission à l'ancienne noblesse lui paraît donc en général moins rude.

« Tous les moyens sont bons aux habitans du faubourg Saint-Germain pour faire regretter l'ancien régime et pour le populariser si la chose était possible. Ces hommes, si fiers de leur naissance, se font humbles. Parmi eux, il faut en convenir, les mœurs sont mieux réglées, la puissance paternelle moins méconnue. On y fait des aumônes considérables; les plus grandes dames poussent l'hypocrisie jusqu'à conduire leurs jeunes filles et leurs fils aux chevets des lits des pauvres malades, des pauvres honteux; on fournit abondamment à leurs besoins, on leur distribue à jour fixe et extraordinairement du pain, du vin, de la viande, des légumes, du bois, des remèdes, des couvertures, des habillemens chauds, du linge de corps; on fait de la charpie pour les blessés, on fournit du bouillon aux femmes en couche, on paie des mois de nourrice, d'apprentissage, aux enfans des ouvriers sages, pieux, rangés, vertueux.

« Cela contraste très-défavorablement avec les manières des parvenus qui dépensent leurs revenus, ou en folles prodigalités, ou qui les entassent en prêtant à des taux usuraires. Les prêtres sont encore les régulateurs du faubourg Saint-Germain ; beaucoup de familles ont un aumônier ou un ecclésiastique précepteur ; cela est encore tout-à-fait opposé aux nouveaux usages.

« On ne rêve dans ce quartier que le retour du prétendant ; il faut à ses habitans un roi, des princes, des princesses, une cour enfin : cela seul pourra les satisfaire ; mais jusque-là ils se tiendront en dehors de tout rapprochement. Je pense que si le gouvernement redevenait monarchique, quand même la nation se choisirait un souverain en dehors de la maison de Bourbon, on les verrait, sinon tous, du moins en grande partie, se rattacher au nouveau souverain et se disputer ses faveurs. En même temps, je regarde comme impossible de les amener à une fusion avec les personnages qui ont surgi depuis 1789, et qui, occupant les hautes fonctions civiles et militaires, forment déjà une caste à part, encore, il est vrai, sans priviléges, mais n'en constituent pas moins un corps d'illustration, de noblesse personnelle, antipathique à la noblesse héréditaire. »

Ce rapport est signé d'un B...; cependant je n'hésite point à l'attribuer à l'abbé R.... de M.... Il eut, quoi qu'il en soit, les plus vastes conséquences. Il affermit Napoléon dans le dessein de renverser la république, et celui-ci prit en bonne part, en faveur du noble faubourg, les griefs que le dénonciateur avait présentés comme des motifs de surveillance et d'inimitié.

CHAPITRE VIII.

Ce fut une grande nouvelle dans Paris et bientôt dans toute l'Europe, que celle de l'avénement de Napoléon à l'empire. Tous les cabinets étrangers en frémirent ; et quelle surprise dut être la leur en voyant la nation française qui, douze ans auparavant, avait fait tomber la tête d'un roi, ramasser sa couronne et la poser, parée des lauriers de la victoire, sur le front du triomphateur.

On ne sut dans le premier instant ce qu'il fallait faire; on tendait à repousser la nouvelle officielle. Une lettre écrite, dit-on, par M. de Talleyrand à un ministre prussien montra la question sous son véritable point de vue. J'ai dans mon portefeuille une copie exacte de cette lettre; je la dois à l'amitié du prince de Hatzfeld; s'il m'avait trompé sur son véritable auteur, ce serait à celui auquel on l'attribue de lui donner le poids de sa sanction ou de la démentir.

« Monsieur le comte,

« Une grande résolution vient d'être adoptée par la France; elle modifie son gouvernement; elle échange les agitations, la turbulence permanente, les révolutions perpétuelles d'une république contre le repos, la douceur, la stabilité d'une monarchie éclairée par l'expérience, par nombre de fautes, par divers essais; elle a compris l'impossibilité de la paix intérieure, de la sécurité du commerce, de l'agrandissement de sa prospérité, en laissant la porte ouverte à toutes les ambitions.

« Elle a vu qu'une république était le règne

des factions, de la discorde, des guerres intestines; qu'avec une monarchie, les agitateurs verraient réfréner leurs coupables tentatives ; que la première place bien occupée, nul ne s'agiterait dans le fol espoir d'y atteindre; que les diverses parties de la France se rattacheraient à un centre d'unité ; qu'on se livrerait avec plus de sécurité aux spéculations industrielles sous la protection d'une autorité vigilante, ferme, stable, continue, et qu'ainsi les institutions auraient une chance de durée.

« Les malheurs passés, les proscriptions atteignant tour à tour les divers partis, noyant les uns dans le sang, exilant les autres, ont rendu odieux et pénible le mot et la chose de la république.

« Un grand peuple relève, reconstruit le plus ancien trône de l'Europe; il le rajeunit en y plaçant une nouvelle dynastie.

« Pourquoi, demanderont peut-être les sectateurs obstinés de l'ancien régime, pourquoi la France, en voulant redevenir monarchique, ne complète-t-elle pas son œuvre par le rappel de la race antique de ses rois, d'une famille qui date de quatorze siècles?

« A cela, je n'aurais qu'une objection à faire, et elle est bien simple : on ne le veut pas et on ne le peut pas. Vous vous en convaincrez en jetant les yeux sur la situation actuelle de la France.

« Quel était autrefois l'état constitutif du royaume? Il y avait trois ordres, un système particulier de corporations, de maîtrises, de finances; des États-Généraux convoqués à volonté; des parlemens, une magistrature secondaire, à moitié administrative; des provinces se gouvernant par des lois, des coutumes locales, et toutes différentes. Rien en Bretagne ne ressemblait au Dauphiné; l'Alsace était soumise à d'autres règles que le Languedoc; ainsi du reste. La pairie d'alors avait des droits qu'aucun corps aujourd'hui ne possède; les codes, les lois, les mesures même avaient des caractères différens de ceux qu'ils ont aujourd'hui.

« Les rois ont disparu avec cet ordre complet de choses; dans toute la France, le sol est seul demeuré immuable; encore l'agriculture en a-t-elle changé la surface en abattant les forêts, en défrichant les prairies, en fertilisant les marais.

« Le rappel des Bourbons serait une faute énorme; ce serait mettre en présence une vieille famille et de jeunes institutions; ils voudraient nécessairement appliquer leurs idées d'autrefois à la France d'aujourd'hui. La France le sait, et c'est pour cela qu'elle n'en veut pas. Ils se croiraient les maîtres du sol, ils voudraient revenir sur la vente des biens nationaux, la plupart déjà changés de mains ou subdivisés par des extinctions; ils nous imposeraient leurs États-Généraux et provinciaux, les trois anciens ordres. Maintenant il n'existe qu'une classe de citoyens en France avec des corps constitués dont les membres sont à vie ou exercent des fonctions bornées à un temps fixé par la constitution. Les parlemens seraient une anomalie. Une ligne de démarcation infranchissable est posée entre l'administration civile et l'administration de la justice; nous n'avons un système de finances que depuis la révolution. Avec les Bourbons, reparaîtrait leur drapeau flétri; le nôtre est jeune de patriotisme et de gloire, et il a flotté dans les quatre parties du monde. La France se soulèverait plutôt que de renoncer à la cocarde nationale.

« Si, par supposition, on les avait rappelés, croyez-vous que les Bourbons eussent laissé à la frontière leurs vieilles idées, leurs anciens préjugés? Au milieu d'un monde tout nouveau, ils se verraient isolés, et alors même qu'ils adopteraient en apparence les changemens survenus en leur absence, une invincible tendance les ramènerait, pour ainsi dire, malgré les calculs de leur raison, vers l'ancien régime; et, quand le moment serait venu où ils tenteraient de nous ravir ce qui nous a coûté tant de sang et de larmes, on les renverserait de nouveau et nous nous verrions livrés aux horreurs d'une nouvelle révolution. Ainsi donc, incompatibilité complète entre la France et les Bourbons.

« A de jeunes institutions, à de jeunes lois, à de jeunes administrations, à une jeune armée, a une nation rajeunie, il faut un souverain, une famille royale qui soient nés au milieu de la régénération commune, et qui, n'ayant rien à regretter, n'ait rien à prétendre au-delà de ce que lui donne la constitution du pays.

« La France a compris cette grande pensée, elle a vu sa position; elle a choisi Napoléon Bonaparte pour empereur; fidèle à son besoin de rénovation générale, elle n'a pas même voulu du vieux titre de roi; elle a choisi celui d'empereur parce qu'il ne se rattache en rien à l'ancienne monarchie.

« Maintenant, monsieur le comte, en connaissez-vous un plus digne et plus grand, un qui soit meilleur capitaine, meilleur administrateur, plus prudent, plus économe, plus capable que Napoléon? non sans doute.

« Vous désirez peut-être savoir la politique qu'il veut adopter et suivre à l'égard des souverains qui, sous des dénominations diverses, régissent aujourd'hui le monde? Je vous le dirai tout à l'heure. Permettez-moi auparavant de fixer votre attention sur l'état intérieur du nouvel empire.

« Dans l'espace de quatre ans, le premier consul a éteint les derniers feux de la guerre civile, détruit les factions, contraint les haines à se taire; il a ranimé l'agriculture, imprimé une nouvelle vie au commerce et à l'industrie, creusé des canaux, construit des ponts, ouvert des routes; les sciences, les arts lui doivent une protection libérale et éclairée; la jeunesse, abandonnée à des passions fougueuses, reçoit une éducation forte, grave, religieuse; il la ramène à la morale, aux vertus de famille, à la soumission envers le souverain; il a relevé la religion et ses autels; il fait respecter le culte en assistant à ses solennités; il a poursuivi avec une rigueur inflexible les démagogues et leur abominable système; il veut que le souverain soit le père de son peuple; il ne souffrirait pas qu'en France un prince étranger fût insulté, car il sait que, pour donner à sa couronne un éclat durable, il ne doit pas permettre que l'on flétrisse celles qui brillent au front de tous ceux qu'il veut appeler ses frères.

« Sans doute les souverains doivent se réjouir de voir un grand homme entrer dans la famille auguste des rois. Qu'ils comparent les relations qu'ils auront avec Napoléon avec celles qu'ils ont eues avec un directoire, avec un comité de salut public! Le pouvoir a passé des assassins d'un roi au fondateur de trônes; quelle plus grande sécurité l'Europe pourrait-elle désirer pour le maintien des dynasties régnantes? Ce ne sont pas les mains qui ont étouffé la révolution qui répandront sur le continent la propagande révolutionnaire.

« Si, par suite d'un inexplicable aveuglement, d'une politique fatale, de l'influence de l'Angleterre, les princes régnans se refusaient à reconnaître la souveraineté impériale dans la personne de Napoléon, si un ostracisme funeste le dévouait au poignard, s'il tombait frappé à mort, à sa place vous auriez sans doute les sans-culottes, l'anarchie, la propagande révolutionnaire, les maximes subversives de l'idéologie, ennemie de tout ordre public, de toute monarchie, de tout classement social, de toute noblesse, de tout corps savant, légalement institué, de toute grande magistrature, enfin, de tous ces corollaires d'un trône, que la France, il est vrai, ne possède pas encore, mais que lui donnera sans doute Napoléon, comme un complément indispensable de sa régénération, à l'aide du temps, et lorsque ses alliances naturelles seront bien cimentées avec le collége des rois.

« Croyez, monsieur le comte, que les Jacobins, s'ils revenaient au pouvoir, instruits par l'expérience, tenteraient de bouleverser simultanément tous les États, afin de se donner des imitateurs, des soutiens, des amis; ils souffleraient partout le feu de la révolte. Les factions pervertiraient l'esprit de la jeunesse, dévasteraient les églises, assassineraient les rois en commençant par le pape, ce chef révéré de l'Église, que Sa Majesté l'empereur Napoléon va au contraire, en fils pieux, appeler auprès de lui, pour recevoir de ses mains vénérables l'onction qui, aux yeux du peuple, lui imprimera un caractère sacré.

« Toutefois, quel que soit le désir naturel qui

porte Sa Majesté l'empereur Napoléon à être admis dans la noble famille des rois, il ne consentirait jamais à payer de son honneur ou de celui de l'empire l'adoption fraternelle à laquelle il attache tant de prix; il ne l'achètera par aucune concession, par aucun tribut déguisé sous une forme quelconque, par la moindre remise de territoire ou par l'abandon du plus léger droit. La faveur doit être franche, nette, désintéressée, dégagée de tout intérêt personnel. S'il éprouve des refus, il en appellera à Dieu et à son épée.

« J'ai l'honneur, etc., etc. »

Une lettre pareille fut adressée confidentiellement aux membres influens des divers cabinets; on en apprécia la sagesse, on en comprit la portée, et peu à peu, dans un temps assez court, toutes les puissances de l'Europe reconnurent solennellement Napoléon Bonaparte en sa qualité d'empereur des Français, puis de roi d'Italie, etc. L'Angleterre seule persista dans son refus, tant que dura le règne impérial, et, au moment de sa chute, elle en fit la reconnaissance indirecte, lorsque ses plénipotentiaires signèrent des protocoles à Chatillon, et que plus tard ils traitèrent directement en avril 1814 avec Napoléon déchu.

Le gouvernement impérial ne fut pas non plus reconnu par la Maison-Royale de Savoie, réfugiée en Sardaigne depuis son exclusion du continent; elle continuait à régner dans cette île sous la protection des flottes anglaises, mais ce fut par un autre motif que celui de l'Angleterre. Napoléon n'avait pas permis que cette famille comptât parmi les maisons souveraines, et l'avait fait rayer de son Almanach impérial où elle ne figura jamais. Il était donc impossible qu'on en obtînt ce qu'on était déterminé à ne pas lui accorder. Cependant elle avait fait plusieurs tentatives de rapprochement, mais ses ouvertures à ce sujet étaient toujours demeurées sans réponse.

Voici la liste des grands États où Napoléon a été reconnu en qualité d'empereur.

Afrique. L'Égypte, Tunis, Alger, Tripoli, Maroc, l'Abyssinie, Madagascar, et dans les royaumes des deux littoraux de l'est et de l'ouest avec lesquels nous avions des relations.

Amérique. Les États-Unis, le Mexique, le Pérou, le Brésil, le Chily, quand ces vastes régions appartenaient à des princes européens; l'île d'Otaïty.

Asie. Le Japon, la Chine, plusieurs États des presqu'îles de l'Inde, l'Arabie, la Perse, la Turquie d'Asie, Ceylan, etc.

Europe. L'Espagne, le Portugal, la Toscane, l'Italie, États du pape, Naples, tous les États secondaires d'Allemagne, l'Autriche, la Bavière; le Wurtemberg, le Hanòvre, la Saxe, la Westphalie, la Bohême et la Hongrie, la Hollande et les villes anséatiques, la Prusse, la Hesse, Bade, le Danemark, la Suède, la Pologne, la Russie et les républiques de Suisse, de Gênes, de Saint-Marin, de Raguse.

Ce fut à Rome une grande joie lors de la première ouverture que le chevalier Artaud fit au nom de Napoléon, au Saint-Père, pour que celui-ci acceptât la proposition de venir en France sacrer le nouvel empereur le jour de son couronnement. La cour pontificale crut voir les cieux ouverts; les têtes les plus sages du sacré collége éprouvèrent une sorte de délire. Car tous croyaient, dans le premier moment, que puisque le souverain nouvellement élu mettait tant de prix à recevoir la consécration des mains du successeur de Saint-Pierre, il ne mettrait point de bornes à sa reconnaissance pour un si grand service, et que l'Église recouvrerait bientôt son ancienne splendeur.

Toutefois la cour de Rome pensa qu'il ne fallait rien laisser paraître au dehors de sa satisfaction, et, pour donner plus de prix à la démarche que l'on sollicitait du pape, on tint successivement plusieurs consistoires secrets, dans lesquels on dressa une longue liste des obstacles qui s'opposaient au vœu de l'empereur. En même temps, sur une autre liste, on énuméra les clauses de rédemption capables d'aplanir ces obstacles. D'abord y figurait la restitution des trois légations, puis celle du comtat Venaissin; à défaut de ces restitutions, on se contenterait d'indemnités en Italie, telles que la principauté de Lucques, le duché de Carrare, le littoral de la Spezzia, le rétablissement d'une partie de la dîme en France, la restauration des couvens d'hommes, le renvoi à Rome des tableaux, vases, statues et autres objets d'art cédés à la république française par le traité de Tolentino. En outre, on indemniserait le Saint-Siége de la diminution de ses revenus depuis le partage de la Pologne, et une foule d'autres conditions toutes plus extravagantes les unes que les autres.

Le nonce du pape, chargé de présenter les deux listes au ministre des relations extérieures, qui était M. de Talleyrand, ne savait trop comment s'y prendre; il avait assez respiré l'air de Paris et étudié le caractère du premier consul pour redouter le moment où ces demandes conditionnelles seraient mises sous les yeux de l'empereur; et il fallait cependant que celui-ci en eût connaissance.

M. de Talleyrand, malgré son incroyable perspicacité, eut, dit-on, un moment de doute sur le parti que prendrait Napoléon. Sachant l'importance qu'il mettait à être sacré par le pape, il craignit que l'empereur n'accédât trop facilement à quelques unes des prétentions du Saint-Siége, mais cette crainte fut bientôt dissipée. Napoléon lut la note de la cour de Rome, ne manifesta pendant cette lecture aucune émotion, puis, prenant une plume, il biffa les articles insolens et écrivit de sa main :

« *J'ai demandé une complaisance ; si on me fâche j'imposerai un devoir. Successeur de Charlemagne, j'ai hérité de sa puissance; que l'on n'oublie point à Rome que des papes mis en jugement ont plaidé leur cause devant le tribunal de l'empereur.* »

Ce peu de mots suffit pour trancher la question, et la négociation changea subitement de face. La légation française à Rome reçut l'ordre de faire savoir aux cardinaux les plus influens qu'en cas de refus de la part du pape on les en rendrait responsables. Sur cet avis, à un petit nombre de réclamations près, le conseil du pape l'engagea à la soumission que Dieu ordonnait pour l'intérêt de la religion. On a cité à cette occasion le mot d'un cardinal : « L'empereur nous a volé son sacre. »

En énumérant les prétentions du Saint-Siége, j'ai oublié d'en signaler une qui ne fut pas mieux accueillie que les autres : la cour de Rome demanda l'abolition des quatre fameux articles de Bossuet sur lesquels reposent les libertés de l'Église gallicane. On sait que le pape, étant à Paris, insista sur ce point auprès de l'empereur et qu'il y revint à plusieurs reprises, mais toujours sans succès. Le saint père alléguait l'exemple de Louis XIV qui avait abandonné ces libertés, et il en avait la preuve par un billet signé de la main du grand roi. Le pape sans doute était de bonne foi, et s'il eût su, ce qui est avéré, que la signature de Louis XIV fût fausse, il n'eût pas cherché à s'en faire un titre.

Quand j'ai raconté la rencontre que je fis d'Eugène Beauharnais peu de jours avant la fondation de l'empire, je vous ai parlé, je crois, du grand nombre de demandes qu'on lui adressait et auxquelles il se plaignait de ne pouvoir répondre toujours favorablement. Cependant ces sollicitations étaient alors renfermées dans un certain cercle de gens voisins de la lumière; mais quand la nouvelle fut publique, quand on sut que l'empereur, l'impératrice, madame mère, et tous les membres de la famille impériale auraient *une maison*, vous eussiez vu, de tous les coins de l'empire, des châteaux encore debout, des moindres gentilhommières, partir des myriades de pétitions. S'il eût été possible de les accueillir toutes, l'empereur aurait eu une armée de chambellans, d'écuyers, de maîtres de cérémonies, d'introducteurs des ambassadeurs, de maîtres de la garde-robe et de pages. Chacun faisait valoir ses services et ceux de ses pères. Dans le concours d'incroyables flagorneries dont ces demandes furent appuyées, il eût été bien difficile de donner un prix. Cependant je crois qu'un de mes confrères chambellan aurait pu se mettre sur les rangs avec quelque chance de succès. Il était d'un très-grand nom et craignait que l'empereur n'eût des préventions contre lui à cause de son attachement connu à la monarchie de Louis XVI; en pareil cas, il fallait montrer plus de zèle, plus d'empressement qu'aucun autre.

Mon futur collègue fit faire un tableau dont il indiqua lui-même le sujet. Ce tableau représentait Dieu poussant d'une main Bonaparte sur le globe terrestre jonché de sceptres, de couronnes et de branches de laurier, tandis que de l'autre main il montrait un triangle lumineux, brillant à l'un des angles supérieurs du tableau; au bas était cette inscription : *Un seul Dieu, un seul soleil, un seul Bonaparte.* Ce tableau fut placé dans un salon où le propriétaire recevait beaucoup de monde. C'était, disait celui-ci, l'expression de ses pensées; on en parla, le bruit en arriva aux oreilles de l'empereur, et le comte de B... fut chambellan.

C'est toujours une chose extrêmement curieuse à examiner que le passage d'un gouvernement à un autre; mais il n'y en a pas eu de plus caractéristique que la transition de la république à l'empire, quoique déjà depuis long-temps la république n'existât plus que de nom. Mais enfin les formes sociales étaient encore un peu républicaines; il n'y avait pas long-temps que le décadi avait rendu au dimanche son ancienne place parmi les jours fériés; le mot de *monsieur* ne se donnait qu'officieusement, la désignation de *citoyen* étant encore officielle; on ne voyait de broderies que sur des costumes civils ou militaires; la toque et la toge n'étaient plus les signes distinctifs du barreau dans l'exercice de ses fonctions, et, depuis douze ans, l'épée civile n'était point sortie du fourreau; il fallut s'adresser au vieux tailleur Sandoz, le seul à peu près qui eût conservé la tradition de la coupe des habits à la française.

Le retour aux formes extérieures de l'ancien régime fut donc une espèce de révolution dans le costume et dans les formules usuelles du langage. C'en fut une aussi dans la manifestation des sentimens, et l'empereur, tout satisfait qu'il fût de l'empressement de la majeure partie de l'ancienne noblesse à se ranger sous ses aigles au berceau, trouva cet empressement si brusque, si facile, qu'il en conçut peu d'estime pour ceux qui en manifestèrent le plus. La trop prompte soumission de la noblesse nuisit à la considération qu'il était disposé à avoir pour elle.

On connaît son mot sévère lorsque, comparant les intrigues dirigées contre lui lors de son retour de l'armée aux sollicitations d'emplois civils dans sa maison, il dit au sujet des gentilshommes avides et maladroits : « Je leur ai montré le chemin de la gloire, ils s'en sont écartés; je leur ai ouvert mon antichambre, ils s'y sont précipités en foule. » Cette accusation étant collective, elle n'était précisément fâcheuse pour personne, chacun pouvant se regarder comme l'objet d'une exception. Il n'en fut pas de même du mot vraiment cruel qu'il adressa directement au duc de B... C... Instruit que ce seigneur avait des fils déjà grands : « Pourquoi, lui demanda-t-il, ne m'envoyez-vous vos garçons à Fontainebleau, j'en ferai d'excellens militaires. — Sire, mes fils ont d'autres inclinations, et une carrière moins active serait plus conforme à leurs goûts.

— Quoi! répartit Napoléon étonné, des B.... C... dans le civil! eux refuser des épaulettes...... Ah! je vois ce que c'est, madame de B... C... sera restée trop long-temps dans les antichambres, elle y aura pris goût.

Ce mot terrible fut entendu de tout le service. « Et le duc de B... C..., me dit une femme à qui je contais cette anecdote, n'a point passé son épée au travers du corps de Napoléon, ou, tout au moins, il ne s'est pas retiré des Tuileries pour n'y reparaître jamais? »

— Le duc de B... C..., répondis-je en témoin *de visu et auditu,* reçut cette flagellation avec son aimable sourire, et le lendemain se plaignit si haut d'un prétendu passe-droit, que l'empereur qui entendit ce que B... C... voulait, leva les épaules et me dit : — Voilà votre confrère qui me demande pardon de ce qu'il a pris hier pour une plaisanterie.

Oh! pour cette fois, j'avoue qu'autant le premier trait m'avait paru repréhensible, autant j'admirai la spirituelle malice du second.

Au reste, Napoléon aimait, dans l'intérieur, le service des gens de qualité, non pas à cause de leur servilité plus parfaite—car en fait de vasselage les nouveaux ennoblis valaient les anciens— mais au contraire parce que ceux-là apportaient dans toutes leurs fonctions le sentiment de leur dignité particulière.

Je me ressouviens que, dans je ne sais plus quelle circonstance, Napoléon sonna vivement ; le hasard voulut que mon confrère le comte de Lostanges se trouvât seul dans le salon d'attente ; il courut à l'appel.

— Du bois ! cria l'empereur sans se retourner, sans voir par conséquent à qui il s'adressait.

— Sire, les feutiers [1] ne sont pas là.

— Qu'importe ! vous y êtes, et à mon service on est en pleine égalité.

— Ce n'est pas mon opinion, sire.

— Allez, allez.

Voilà l'exacte vérité, voilà de quelle manière eut lieu ce dialogue, depuis tourné, retourné, embelli. Je le tiens du comte de Lostanges même

---

[1] On nomme feutiers les hommes chargés de porter le bois dans les grandes maisons. A la cour de France, cet emploi était une charge.

qui me le raconta dix minutes après ; certes, il méritait d'être cru sur sa parole. C'était un homme d'esprit, d'honneur, de sens, et que l'empereur estimait; il le regretta beaucoup quand nous eûmes le malheur de le perdre; lui-même daigna en faire l'éloge devant nous, et une partie de ce panégyrique me frappa, *il savait* (Lostanges) *tenir son rang*, ce qui se rapportait assurément à la scène que je viens de raconter.

J'ajouterai que, pendant la durée de ce dialogue rapide, Napoléon, occupé à lire une dépêche, ne se retourna pas ; on pourrait présumer qu'il croyait parler non à un chambellan, mais à un domestique; puis après il dit son *Allez, allez*, fort doucement et comme quelqu'un qui, par l'inflexion de sa voix, cherche à atténuer la dureté d'une première bourrade. Jamais il n'en parla à qui que ce fût, et M. de Lostanges ne s'aperçut pas qu'il lui en voulût, car il ne lui fit ni plus mauvaise ni meilleure mine.

CHAPITRE IX.

Tant que Bonaparte se contenta du titre de premier consul, on ne s'occupa point du tout de sa naissance; on l'accepta comme un parvenu. Mais il n'en fut plus de même aussitôt qu'il eut revêtu la pourpre impériale. On vit surgir alors de plaisans scrupules; on se demanda très-sérieusement si le nouveau souverain était d'assez bonne maison pour qu'il fût possible de se soumettre à sa puissance sans déroger. Les uns voulaient qu'il fût le fils d'un huissier, d'autres croyaient le relever en soutenant que son père avait été greffier d'une justice de paix. Chacun, comme de coutume, était mieux instruit qu'aucun autre. Je me trouvai un jour dans une de ces réunions où l'origine de Napoléon était mise en question, et où l'on tenait précisément les propos que je viens de rapporter. Je fis observer à celui qui soutenait que Bonaparte était le fils d'un greffier de juge de paix, qu'avant la révolution, il n'existait de justice de paix ni en France ni en Corse. Mon homme ne se tint pas pour battu, et prétendit tenir des Corses eux-mêmes que Charles Bonaparte avait été greffier de la commune d'Ajaccio. Entraîné à prendre part à cette singulière discussion : « Ceci, dis-je, n'est pas plus exact que les autres assertions ; le premier venu peut remplir ces fonctions qui sont soumises à la nomination du maire ; tandis que, pour être juge au tribunal d'Ajaccio, charge qu'exerçait M. Charles Bonaparte, il fallait des lettres patentes du roi scellées du grand sceau. Cette magistrature équivalait à celle de conseiller au Châtelet de Paris, charge que l'on ne donnait, comme vous savez, qu'à des hommes appartenant à des familles distinguées.

— C'était donc quelque chose que ce Bonaparte, dit certaine marquise dont la charité chrétienne m'interdit d'inscrire ici le nom?

— Madame, dans sa jeunesse, Charles Bonaparte, le père de l'empereur, prenait le titre de comte; il était, ce que l'on aurait appelé en Espagne, *de vieux sang chrétien*. J'ai entendu dire mainte et mainte fois à madame Junot que Bonaparte descendait en ligne directe des empereurs grecs de la maison de Comnène, à laquelle appartenait aussi sa mère, madame de Permon.

J'avais déjà fait quelques recherches, d'abord par curiosité et ensuite avec un véritable intérêt, sur l'origine de Bonaparte; mais ce travail était loin d'être aussi scrupuleusement fait que celui auquel je me suis livré depuis, et que je placerai à la fin d'un des volumes de cet ouvrage; toutefois, j'en savais déjà assez pour

être certain que madame Junot se trompait. L'origine bien constatée de la maison Bonaparte est tout italienne, et entée sur une première origine de race royale française, ainsi que j'en ai acquis la preuve. Quant à la noblesse reconnue du père de Napoléon, elle ne peut pas faire l'objet d'un doute; on lit en effet sur les registres de la paroisse Saint-Denis à Montpellier: « L'an 1785 et le 24 de février, est décédé mes-
« sire Charles Bonaparte, mari de dame Lætitia
« Ramolino, *ancien député de la noblesse corse* à
« la cour de France. » Cette pièce est signée : *Martin*, curé.

Je dis tout cela à la scrupuleuse marquise; j'ajoutai encore que, si les Bonaparte n'eussent pas été reconnus, mademoiselle Élisa n'aurait pas été admise, comme elle le fut, au couvent de Saint-Cyr, où l'on ne recevait que des filles nobles, et que Napoléon lui-même n'aurait pu être élevé à l'école militaire exclusivement réservée à la noblesse.

Pour bien apprécier cette scène vraiment curieuse, il faut se reporter au temps où elle se passa. Quoi de plus ridicule que ces discussions sur l'origine un peu plus ou moins ancienne, un peu plus ou moins illustre de l'homme qui se plaçait à la tête de son siècle, et qui, selon l'heureuse expression du comte Louis de Narbonne, descendait de Charlemagne par la gloire Rien n'est cependant plus vrai, et encore à présent, je ne puis m'empêcher de rire, quand je pense à la figure de la marquise, et surtout à l'exclamation qui lui échappa, après un long soupir, quand je lui eus démontré que Napoléon était *un homme comme il faut.*

— Allons, dit-elle, je vois que l'usurpateur est gentilhomme; tant mieux, il y aura moins de honte à se soumettre à lui.

Trois mois après, le mari de ma scrupuleuse marquise occupait une place d'un rang peu élevé mais assez lucrative, dans la domesticité du palais, place que j'avais eu le bonheur de lui faire obtenir, par les protections réunies du comte de Ségur et du maréchal Duroc. Elle-même elle avait sollicité une place de dame de compagnie auprès de l'impératrice; mais ses démarches, quoique bien secondées, étaient demeurées sans succès.

Malgré la sainte horreur que m'inspire tout ce qui est république, je conçois qu'un homme puisse être républicain, mais une femme républicaine me paraît la plus énorme monstruosité. En effet, les femmes ne sont quelque chose que sous une monarchie. La femme du premier consul n'était rien, celle de l'empereur devenait impératrice. Dès lors une cour et partant des fonctions d'honneur à remplir par des femmes auprès de la souveraine. D'ailleurs, le manteau impérial, en s'étendant sur la famille du maître, métamorphosait ses frères en princes, et ses sœurs en princesses ; dans ce rang élevé, les hommes associaient leurs femmes à leur titre et à leur dignité; immédiatement après, venaient les maréchaux, cousins de l'empereur — et c'est une belle et noble parenté que celle-là. — Ils recréèrent le titre de madame la maréchale. Ainsi, l'on peut dire que ce fut la personne même de l'empereur qui fut la moins soumise aux modifications qu'établit, autour du trône, la fondation de l'empire.

Comme, d'ailleurs, les membres de la famille impériale se retrouveront souvent dans mes pages, je crois qu'il est convenable de les énumérer ici en indiquant succinctement la position de chacun d'eux, au moment de ce grand point de départ d'une nouvelle dynastie, à la durée de laquelle nous croyions tous alors.

J'aurai soin de passer le plus rapidement qu'il me sera possible sur les faits déjà connus.

Madame Lætitia Ramolino avait eu, de son mariage avec Charles Bonaparte, huit enfans, cinq garçons et trois filles, venus au monde dans l'ordre suivant : Joseph, Napoléon, Élisa, Lucien, Louis, Pauline, Caroline et Jérôme.

Joseph et Lucien n'étaient point des personnages ignorés lors de l'heureuse révolution du 18 brumaire; l'un avait été membre du conseil des anciens, et l'on sait que le second présidait le conseil des Cinq-Cents le grand jour où ce corps se réunit, pour la dernière fois, à Saint-Cloud. Joseph, nommé sénateur, fut, sous la direction de M. de Talleyrand, envoyé en qualité de ministre plénipotentiaire au congrès de Lunéville et à la réunion diplomatique d'Amiens, où fut signée une paix éphémère avec l'Angleterre. Il était, en outre, colonel d'un régiment de dragons, qui faisait partie du camp de Boulogne. Le premier d'août 1794, Joseph avait épousé mademoiselle Julie Clary, appartenant à une famille distinguée de Marseille; deux enfans étaient nés de ce mariage, lors de l'avènement de son frère à l'empire : c'étaient deux filles : Charlotte-Zénaïde, née le 8 juillet 1801, et Charlotte, née le 31 octobre 1802.

Lucien, après avoir été ministre de l'intérieur et ambassadeur de France à Madrid, était presque rentré dans la vie privée, tout en conservant le titre de sénateur, le seul qu'il ait eu sous l'empire, n'ayant point été compris sur la liste des princes français. Lors du couronnement de l'empereur, Lucien avait déjà quitté la France pour se retirer à Rome. Deux motifs contribuèrent à l'espèce d'exclusion dont il fut frappé; d'abord son opposition prévoyante, et que l'on ne put apprécier que plus tard, à l'établissement d'une nouvelle monarchie, à l'abolition des formes républicaines ; et, en second lieu, au second mariage qu'il contracta, sans l'assentiment de son frère, avec la femme divorcée d'un agent de change, qui s'appelait, je crois, madame Louberteau. Joseph fut élevé à la charge de grand électeur, la première des grandes dignités de l'empire.

Louis Bonaparte, marié, le 3 janvier 1802, à l'aimable et charmante Hortense de Beauharnais, était aussi sénateur depuis la mise en vigueur de la constitution de l'an XI; de colonel-général de dragons, il devint grand connétable de l'empire.

Élisa Bonaparte, née à Ajaccio, le 3 janvier 1777, était entrée de bonne heure à la maison royale de Saint-Cyr, où elle compléta son éducation. La révolution la frappa comme le reste de sa famille; elle fut contrainte de quitter la Corse avec sa mère, ses deux plus jeunes sœurs et son frère Jérôme. Ayant demandé un asile à la mercantile et inhospitalière cité de Marseille, les Bonaparte y éprouvèrent tous les désagrémens possibles. Élisa épousa, le 5 mai 1799, M. Félix Bacciochi, noble corse, qui cependant ne reçut que plus tard le titre de prince, ce qui n'empêchait pas sa femme d'être princesse Élisa. Il y eut bien, il en faut convenir, quelque confusion dans les premiers temps de ces improvisations princières. Cependant peu de temps se passa avant que le mari et la femme joignissent au titre de prince et de princesse de Luques et de Piombino la souveraineté de ces États; leur couronnement eut lieu le 30 juillet 1805.

A l'époque de la fondation de l'empire, Pauline se trouvait dans une position toute particulière, car elle était déjà princesse de Borghèse. Née à Ajaccio en 1780, à l'âge de dix-neuf ans, elle avait épousé le général Leclerc. On sait qu'elle l'accompagna dans son expédition de Saint-Domingue d'où elle revint veuve, et veuve réellement désolée, car elle aimait beaucoup son premier mari. Elle était depuis un an à Paris, lorsqu'ayant rencontré dans le monde le prince Camille Borghèse, celui-ci en devint amoureux, plut aussi à Pauline, et leur mariage eut lieu le 6 novembre 1803.

Camille Borghèse était né à Rome le 19 juillet 1775. Son père, Marc-Antoine, était également connu des Romains par son aversion pour la révolution française et par son amour pour les beaux-arts. Dès les campagnes de 1796 et de 1797, le prince Camille, ne partageant point les sentimens de son père, s'était enrôlé dans l'armée française; il s'y conduisit si bien pendant ces deux campagnes, qu'il se fit plus d'une fois remarquer du général en chef. Ce qui, comme je le disais tout à l'heure, rendait toute particulière la position de Pauline, c'est que, par le fait, et conformément à toutes les lois, la femme d'un prince étranger était princesse étrangère. Cet état de choses dura jusqu'au 27 mars 1805, époque à laquelle seulement le prince Borghèse fut admis à jouir des droits de citoyen français, et peu après, élevé au rang de prince français. Napoléon, qui ne prodiguait pas les hauts grades militaires, même à sa famille, le nomma chef d'escadron dans la garde; dans la campagne d'Austerlitz, il conquit sur le champ de bataille le grade de colonel et reçut le commandement du deuxième régiment des carabiniers.

Caroline Bonaparte, la plus jeune des sœurs de Napoléon, née le 25 mars 1782, à Ajaccio, comme le reste de sa famille, portait dans son enfance le nom d'Annonciade. Elle fut élevée chez madame Campan, d'où elle sortit pour épouser Murat. Le mariage eut lieu au Luxembourg, le 20 janvier 1800. Sans être aussi extraordinairement belle que sa sœur Pauline, elle était cependant d'une beauté fort remarquable; aussi le nombre de ceux qui aspiraient à sa main était-il considérable. Le premier consul, qui déjà s'était érigé en chef de sa famille, donna la préférence à Murat, et certes il ne pouvait l'accorder à un plus brave. Je me rappelle à cette occasion d'avoir entendu donner de singuliers motifs au choix du premier consul; je les rapporterai sans les affirmer, sans les démentir, comme un bruit qui courut alors. On a prétendu que Bonaparte remarquait avec déplaisir les assiduités de Murat à la petite cour du Luxembourg; il crut, ou peut-être chercha-t-on à lui faire croire, que madame Bonaparte elle-même en était l'objet. Alors, quand on lui eut dit que c'était sa sœur que recherchait Murat et qu'il ne venait si souvent, que dans l'espoir de la rencontrer, il se sentit soulagé d'un poids qui l'oppressait et donna son consentement avec joie. Murat, élevé au rang de prince français, fut nommé à la dignité de grand amiral de l'empire, et, peu après, créé grand-duc de Berg avec la toute souveraineté du territoire des trois évêchés qui ont joué un si grand rôle dans les guerres et dans les négociations du siècle dernier: Berg, Clèves et Juliers.

Reste maintenant Jérôme dont j'aurai à parler plus tard, mais dont je n'ai que fort peu de choses à dire quant à présent. En effet, il comptait à peine dans la famille impériale; quelques étourderies de jeune homme, peu d'aptitude au travail et des dettes, choses que n'aimait point Napoléon, avaient depuis long-temps indisposé son frère contre lui; lieutenant de vaisseau, on le tenait presque toujours embarqué, et il n'était point en France lors de l'érection de l'empire. Sa première entrevue avec l'empereur n'eut lieu qu'en 1805, à Alexandrie, dans un voyage que fit Napoléon après le couronnement de Milan.

Madame Lœtitia, qui avait une sorte de prédilection pour son dernier né, avait souvent plaidé sa cause auprès de son frère, mais toujours sans succès. Jérôme était né le 15 novembre 1784. On sait qu'aux États-Unis d'Amérique, il avait contracté une alliance avec une riche et honorable famille; mais l'empereur ne voulut point reconnaître son mariage avec mademoiselle Paterson, et Jérôme, dans l'entrevue d'Alexandrie, dont je parlais tout à l'heure, fut contraint de répudier sa femme pour rentrer en faveur auprès de son frère, alors tout-puissant. Je dois dire en historien fidèle, que cet acte de Napoléon fut généralement désapprouvé; la rupture forcée d'une alliance qui, dans tout autre temps, aurait été parfaitement convenable, parut non seulement une exigence despotique, mais ramena à examiner ce qu'était la famille Bonaparte avant la grandeur de son chef. Du reste, on fit honneur à Jérôme de la longue résistance qu'il aurait, dit-on, opposée à une volonté à laquelle il était si difficile de se soustraire.

Telle était à peu près la position de la famille impériale à l'époque de l'avénement de Napoléon. Il y faut ajouter madame Lœtitia, femme d'un grand caractère, mais qui ne fut bien connue et bien appréciée qu'après la chute de son fils, et l'oncle maternel de Bonaparte, M. Fesch. Madame Lœtitia reçut, avec le rang d'altesse impériale la dénomination de Madame-Mère. M. Fesch, rentré dans l'Église à laquelle il avait appartenu et qu'il avait quittée à la révolution, était déjà archevêque de Lyon et revêtu de la haute dignité de cardinal; Napoléon y joignit celle de grand-aumônier de l'empire.

Premier consul ou empereur, Napoléon voulut toujours que sa mère fût entourée de la plus grande considération; il ne put cependant donner à sa couronne une existence rétroactive en conférant à sa mère le titre de majesté; mais je sais qu'il en eut du regret, et il lui fit toujours prendre le pas sur ceux de ses enfans devenus par la suite rois ou reines. Je parlerais plus exactement, en disant que, partout où se trouvait l'empereur, il n'y avait ni rois ni reines de sa famille; la couronne impériale absorbait toutes les autres couronnes. Combien de fois n'en ai-je pas été témoin dans les dîners de famille où l'empereur réunissait les siens aux Tuileries et à Saint-Cloud. Il y avait trois fauteuils seulement pour l'empereur, l'impératrice et Madame-mère, et des chaises pour tous les autres membres de la famille, même pour ceux qui, avec des trônes, avaient reçu le titre de majestés.

Au milieu de cet état, de cette pompe, de cette grandeur acquise ou communiquée, quelque chose manquait à cette grande famille impériale dont Lucien seul était exclus; c'était l'union, un intérêt commun, une bienveillance réciproque; et ceux qui comme moi ont vu de près cet intérieur savent combien de jalousies s'y sont manifestées, combien de haines que la seule présence de l'empereur empêchait d'éclater. Il y avait là une femme, meilleure à elle seule que toutes les autres, je ne crains point de le dire : c'était Joséphine; hé bien, Joséphine elle-même, elle dont toutes les pensées, toutes les actions étaient des actions et des pensées de conciliation, de bonne harmonie, était l'objet d'une conspiration permanente parmi la plupart des frères et des sœurs de l'empereur. La prééminence de son rang les offusquait; leur inimitié se réfugia sous le prétexte de voir un fils naître de l'empereur et de l'impossibilité où était Joséphine de lui en donner un. Que de larmes, que de chagrins, que de douleurs âcres et mordantes, cachés sous la pourpre! que de tribulations jusqu'au jour où enfin triompha le parti ennemi de Joséphine. Et cependant elle avait donné un fils, le sien, à l'empereur, un fils soumis, respectueux, brave, généreux, un fils que le cœur de Napoléon avait adopté encore plus que sa politique. Ah! si Eugène eût été du sang de Napoléon!.... Je ne veux pas m'arrêter à cette idée; elle me fait trop de mal, elle me montre une tout autre série d'événemens dans l'histoire du monde, dans les destinées de la France! Le passé est irréparable; il faut, sans murmurer, se soumettre au temps présent.

CHAPITRE X.

Depuis que le premier consul avait fait de Saint-Cloud sa maison de plaisance officielle, il ne venait plus que rarement à la Malmaison quoiqu'il eût toujours la même prédilection pour cette résidence; mais elle était devenue, comme la maison de Socrate, trop étroite pour la foule des courtisans. L'empereur y prenait pour ainsi dire ses jours de congé; n'y recevait que les personnes spécialement invitées, y déposait tout l'attirail du rang suprême et se délassait d'être souverain en redevenant homme. Là, en petit comité, il causait, il racontait des histoires, adressait des questions aux personnes qui l'entouraient, à celles surtout qui, comme moi, avaient vécu à la cour de Louis XVI. Jamais un subalterne n'a écouté son supérieur avec plus d'attention que n'en montrait l'empereur pendant que nous répondions à ses questions; quand c'était lui qui prenait la parole, quand il racontait quelque chose en s'animant comme cela lui arrivait presque toujours, son élocution vive, brève, accentuée, dramatique, nous tenait sous l'empire d'un charme magnétique, et certes, alors, il n'y avait pas la plus légère ombre de flatterie dans l'admiration qu'il nous inspirait. Madame Bonaparte était admirable à regarder quand Napoléon parlait; on aurait dit qu'elle vivait tout en lui, ses yeux suivaient les mouvemens de ses lèvres et les diverses émotions qui se manifestaient sur la physionomie de l'empereur se reproduisaient simultanément dans les traits de l'impératrice. On eût toujours dit qu'elle l'entendait pour la première fois. Pour nous, nous ne concevions pas où l'empereur avait pu apprendre tout ce qu'il savait, non point sur la politique, sur les sciences et sur la guerre, mais sur une foule infinie d'objets que nous aurions à peine crus dignes d'arrêter sa pensée. Pourquoi n'ai-je pas toujours recueilli le soir même ces récits incisifs qu'il se plaisait à faire dans ses momens de loisir et de bonne humeur! mon livre y gagnerait beaucoup; ma mémoire, après un si long temps, me rend bien les faits, le fond des choses, mais non plus leurs formes brillantes ni la puissance de leur intérêt. C'est donc à mes risques et périls que j'essaierai de reproduire une assez longue histoire que l'empereur raconta un jour devant nous, et si vous la lisez avec quelque intérêt, ce sera plus que jamais le cas de vous répondre : Que serait-ce donc, si vous l'aviez entendu lui-même.

Ce jour-là, après quelques détours, la conversation s'était arrêtée je ne sais à quel propos, sur l'ancienneté des maisons princières d'Allemagne. Le nom du duc de Wurtemberg fut prononcé. L'empereur fit un grand éloge de ce prince; ensuite, se tournant vers moi : « Allons, vous, notre grand généalogiste, me dit-il en souriant, contez-nous cela. Est-il vrai que l'électeur de Wurtemberg, comme je sais qu'il en a la prétention, descend d'un maire du palais de Clovis, d'un nommé.... attendez donc...

—Eymerich, Sire.

—Eymerich, c'est cela. Vous le savez; il y a donc quelque chose de vrai?

—Sire, il y a de vrai la prétention; mais elle est mal fondée.

— Allons, parlez, monsieur le généalogiste.

—Sire, tout est fabuleux antérieurement au onzième siècle, pour ce qui concerne la maison électorale de Wurtemberg. Son chef reconnu, Conrad II, fut la souche d'une suite de princes qui se firent distinguer en Allemagne par leur bravoure sur le champ de bataille et leur prudence dans la conduite des affaires. Ces princes, dans des temps encore barbares, s'appliquèrent à faire fleurir les sciences et les arts; mais l'étendue de leur domination était si bornée, qu'ils n'occupent que très-peu de place dans l'histoire. Ce fut seulement vers la fin du quinzième siècle, que le comté de Wurtemberg fut érigé en duché par l'empereur Maximilien en faveur du comte Éberhard. Celui-ci ayant soumis à son autorité une partie de la Souabe sollicita le titre de duc qu'il paya trois cent mille florins à l'empereur. A ce prix il fut institué duc de Wurtemberg et de Leck avec la charge de *grand porte-étendard de l'empire*. Cependant ce prince n'en resta pas moins vassal de l'Autriche comme l'avaient été ses aïeux. L'affranchissement de cette servitude fut accordé plus tard à ses descendans par l'empereur Rodolphe II. Le duché de Wurtemberg devint alors fief immédiat du saint empire, sous la seule réserve du droit de retrait en faveur du cercle d'Autriche, en cas d'extinction de la maison ducale. C'est donc depuis cette époque seulement que les princes wurtembergeois peuvent être comptés au nombre des souverains indépendans.

—J'ai déjà ajouté un fleuron à leur couronne, dit l'empereur; je l'ai fait admettre dans le collége des électeurs. Peut-être.... Quel âge a le roi actuel.

—Sire, il n'est pas jeune; soixante-dix ans. Frédéric-Guillaume est né en 1734. En 1780 il épousa la princesse Caroline de Brunswick-Volfenbutel dont il devint veuf le 27 septembre 1788.

—Oui, veuf, reprit l'empereur...

L'expression de la voix de Napoléon eut quelque chose de si extraordinaire quand il prononça ces deux mots, que je n'osai pas poursuivre sans une nouvelle interpellation. Elle ne vint pas; chacun garda le silence; ce fut l'empereur qui reprit la parole. Je n'ose malheureusement dire qu'il s'exprima en ces termes, mais il raconta ce qui suit.

—Le 4 octobre 1788, à huit heures précises du matin, un homme se présente chez M. Dietrich, préteur [1] de la ville de Strasbourg. Le domes-

---

[1] Les fonctions de préteur équivalaient à celles de maire avec des attributions plus étendues.

tique qui l'annonça chez son maître était pâle et défait comme s'il eût été poursuivi par une vision.—Qu'avez-vous donc, Franck? — Monsieur...— Répondrez-vous?—Monsieur, c'est le bourreau.—Qu'il entre, et retirez-vous.

« Le bourreau de Strasbourg était un homme de mœurs exemplaires, doux, sage, pieux, chirurgien habile et surtout fort expérimenté dans l'art de guérir les fractures et de remettre les membres démis; les services de ce genre, qu'il rendait gratuitement à tous les malheureux qui s'adressaient à lui, lui avaient acquis une sorte de popularité dans les basses classes; on le plaignait sans le mépriser; sa présence causait cependant une invincible terreur.

« Il est introduit chez le préteur; sa physionomie est grave, et, quand il est seul devant le magistrat, conformément à l'usage, il s'arrête à trois pas de distance de lui et se met à genoux.

«M. Dietrich sans lui dire de se relever : — Maître, lui demanda-t-il, que me voulez-vous?

— Je cède au cri de ma conscience, j'accomplis un devoir. Veuillez, je vous en supplie, recevoir mes déclarations et les écrire à mesure que je les ferai. La chose est importante ; aucun détail ne doit être omis, et c'est de l'ensemble des faits seulement que peut résulter ma justification.

«Ce début, comme on peut le croire, excita vivement la curiosité du préteur. S'étant mis en disposition d'écrire, l'exécuteur des hautes œuvres commença ainsi ses révélations.

« — Il y a huit jours environ, ce fut dans la nuit du 26 au 27 septembre dernier, à une heure du matin, me trouvant dans la maison isolée que me donne la ville, dans le faubourg de Kell, sur la rive droite du Rhin, j'entends violemment frapper à la porte extérieure. Ma vieille gouvernante, ayant entendu le bruit, s'était déjà levée pour aller ouvrir, sachant que l'on vient souvent chez moi et à toutes les heures, pour me demander un de ces services que je suis si heureux de pouvoir rendre à l'humanité. Je me lève moi-même, j'entends que ma pauvre gouvernante est aux prises avec deux hommes masqués qui lui tiennent le pistolet sur la gorge. « Tuez-moi, disait-elle, mais épargnez mon maître. » — Il ne lui sera fait aucun mal, répond l'un des deux hommes masqués; il recevra, au contraire, une forte récompense, mais il faut qu'il nous suive, il y va de sa vie.

« Pendant ces pourparlers j'avais achevé de m'habiller, et les deux inconnus se précipitent dans ma chambre qu'éclairait une faible lueur de la lune. J'allume, je m'informe, mais déjà les armes sont dirigées sur ma poitrine; je crois dans le premier moment, qu'on veut venger sur moi un supplice infligé au nom du roi. Par un mouvement naturel, je demande grace de la vie : — Elle n'est point en danger, si tu nous obeis ponctuellement; autrement, à la moindre hésitation tu es mort. Prends le plus tranchant et le meilleur de tes coutelas; laisse-toi bander les yeux; silence, et suis-nous. — Les armes étant toujours braquées sur moi, il n'y avait aucune résistance à faire; il fallut donc me soumettre à toutes leurs volontés. Quand j'eus les yeux bandés, on me fit monter dans une voiture où les deux étrangers se placèrent auprès de moi, et les chevaux partirent au grand galop. Ma gouvernante resta consternée, anéantie, d'autant plus qu'on lui dit, au moment où l'on m'entraînait, que la moindre indiscrétion de sa part serait le signal de ma perte.

La singularité de cet enlèvement, les formes qui l'avaient accompagné, me causaient de cruelles perplexités; je me recommandai à la Sainte-Vierge, à laquelle j'adressai une oraison mentale, et, plus rassuré après avoir invoqué le saint nom de la mère de Dieu, je cherchai à deviner quelle route on me faisait prendre. Je n'ai pu former de conjectures plausibles sur sa direction, mais j'estime que le trajet a duré de dix-huit à vingt heures. Arrivé au terme du voyage, on m'a fait descendre de la voiture avec précaution; les deux inconnus m'ont pris chacun par un bras; nous avons marché ainsi pendant quelques minutes; ensuite, nous montâmes un escalier que je crois vaste, à en juger par le retentissement de mes pas, et on me conduisit dans une salle spacieuse, où enfin on m'ôta le bandeau qui recouvrait mes yeux. Il faisait encore jour, mais le soleil était à son déclin.

Là, on me fit servir un repas abondant, composé de mets délicats; je remarquai toutefois que l'on mit une sorte d'affectation à ne me verser que très-peu de vin.

A la nuit tombante, on vint me dire de m'armer de l'instrument du supplice, et de me tenir prêt à trancher la tête qu'on allait me désigner. Malgré la fatale habitude de servir d'exécuteur à la justice des hommes et quoique je n'eusse pu me faire aucune illusion sur le motif de mon enlèvement, je me sentis saisir d'un horrible frémissement; je refusai donc avec toute l'énergie dont je fus capable; mais alors une voix, que je n'avais pas encore entendue, me dit avec un calme affreux : « Décide-toi promptement; ton refus ne sauvera pas la victime, et tu vas à l'instant partager son sort. »

Toutes mes protestations furent vaines; placé sous l'empire de la force, j'ai cédé; je m'en accuse, je m'en repens, mais jamais la loi de la nécessité ne s'était montrée plus implacable.

On m'a mis le fer entre les mains; on m'a jeté sur la tête un voile noir; on m'a saisi par les deux mains; on m'a fait traverser plusieurs salles; enfin mes guides se sont arrêtés dans une dernière salle plus vaste que les autres. Alors on m'a arraché mon voile, et j'ai vu, sur le milieu du plancher, un échafaud élevé de trois pieds environ; une draperie de velours noir recouvrait le billot, et tout autour était une couche très-épaisse de sciure de bois rouge.

J'étais dans une affreuse anxiété; qui allais-je frapper? La victime ne se fit pas long-temps attendre; on l'introduisit ou plutôt on l'apporta. C'était une femme d'une taille élevée, d'une blancheur éblouissante; ses longs cheveux blonds étaient enfermés dans un réseau de crêpe noir; toute la partie inférieure du corps, depuis la ceinture, se trouvait emprisonnée dans un sac de velours noir fermé au dessous des pieds; des cordons de soie pourpre liaient ses mains; un masque était sur sa figure, de sorte que je n'ai vu que la blancheur de son cou, de ses épaules et de sa poitrine. La malheureuse ne jetait pas un cri, et je m'aperçus, avec une horreur toujours croissante, qu'on l'avait fortement baillonnée. Les hommes qui la tenaient, tous masqués et au nombre de huit ou dix, me la livrèrent; elle pencha sa tête sur le billot.... Qu'ajouterai-je?.. Puisse Dieu me pardonner de n'avoir pas su mourir en faveur des horribles services qu'il me faut rendre à la société. Sans doute la victime était née dans un rang élevé, et je ne serais pas surpris de voir bientôt les cours de l'Europe prendre le deuil.

Mon affreux ministère rempli, sans me laisser même le temps de nettoyer mon glaive, soin que l'on prit pour moi, on me reconduisit dans la première salle où j'avais pris un repas, et j'y trouvai encore une table servie et recouverte cette fois de plusieurs bouteilles de vin de diverses qualités. Je m'y assis pour me reposer quelques instans, pour attendre que l'on dissosât de moi, sans autre idée que de m'abandonner à la volonté de Dieu.

Mes deux compagnons masqués et moi nous remontâmes dans la chaise de poste; elle roula toute la nuit et une partie du jour suivant, et nous mîmes encore à peu près vingt heures à revenir à ma maison, devant laquelle on me déposa, après m'avoir remis dans un sac de peau deux cents louis de France que voici. Je les dépose entre vos mains pour que vous en fassiez l'emploi que vous jugerez convenable. On m'a expressément recommandé de garder sur cet événement un silence absolu, en m'assurant que je me trouverais bien de ma discrétion. « Si au contraire, a-t-on ajouté, tu cherches à nous faire découvrir, on n'y parviendra pas, et tu t'en trouveras mal, toi et ceux qui auraient reçu tes confidences. »

Cela dit, ces messieurs ont remonté dans la voiture, me laissant à pied dans la rue; je me suis débarrassé du mouchoir qui me couvrait les yeux depuis si long-temps, et j'ai revu avec joie ma maison et ma bonne gouvernante.

Telle est, Monseigneur, de point en point cette histoire, à la fois tragique et mystérieuse. Si j'ai forfait aux lois de mon pays, je suis prêt à en porter la peine; si je n'ai fait que céder à la nécessité, laissez-moi espérer que je ne perdrai pas votre bienveillance, si vous voulez bien songer que, depuis tant d'années, j'ai su mériter quelque estime en remplissant des fonctions environnées ordinairement de l'exécration des citoyens.

Le préteur de Strasbourg avait entendu avec une curiosité sans pareille ce que venait de lui révéler l'exécuteur des hautes-œuvres. Seulement, effrayé d'un dépôt comme celui qu'on voulait lui confier, il refusa de se charger des deux cents louis : « J'en ferai dire des messes, et je les consacrerai au soulagement des pauvres, » répondit le bourreau sans s'émouvoir. Ensuite, après avoir entendu la lecture de sa déposition telle que l'avait écrite le préteur, il en certifia l'exactitude et se retira.

Dès qu'il fut seul, le préteur mit sous enveloppe cette curieuse relation, et l'envoya par un courrier au baron de Breteuil, alors ministre.

En cet endroit, Napoléon s'arrêta un moment, comme il avait coutume de le faire quand il racontait des histoires, et promena sur nous tous son regard scrutateur, afin de voir l'effet qu'il avait produit. Cet effet était prodigieux, car sa parole pénétrait jusque dans le fond de l'ame.

Joséphine seule osa interrompre son silence; elle était plus émue qu'aucun de nous, et fit entendre ce peu de mots que je suis sûr de me rappeler exactement: « Mon Dieu, Bonaparte, pourquoi nous racontes-tu de si vilaines histoires ? c'est donc pour nous faire peur ? »

L'empereur sourit de cet inimitable sourire qui portait en lui plus de bienveillance que sa colère ne contenait de terreur ; ensuite il dit : —Écoute encore, Joséphine, car je n'ai pas fini. Puis, se tournant vers moi : —Savez-vous, Monsieur, quel fut le résultat de la dépêche envoyée au baron de Breteuil ? — Non, Sire. — Le voici. Et l'empereur continua :

Deux semaines s'écoulèrent. Au bout de ce temps, M. Dietrich reçut un paquet que lui transmit le gouverneur de Strasbourg. La réponse du ministre était à peu près ainsi conçue:

« J'ai mis, Monsieur, sous les yeux du Roi le procès-verbal que vous m'avez adressé, et j'ai pris les ordres de Sa Majesté; le roi veut que la personne dont il est question garde la somme qui lui a été remise, et il en fait ajouter une pareille à la condition d'un inviolable silence sur tout ce qui s'est passé. »

—Maintenant, dit Napoléon, je vais vous dire la fin et vous donner la clé de cette aventure, plus commune qu'on ne le croit dans l'histoire des cours. Mais c'est un labyrinthe où se perdent ceux qui veulent y pénétrer; et la vérité n'est jamais connue que quand le mal est sans remède. Il poursuivit:

Le duc de Wurtemberg se remaria neuf ans après la mort de sa première femme. Il épousa, pendant ma seconde campagne d'Italie, Charlotte-Auguste-Mathilde, princesse royale d'Angleterre, fille de Georges III. Il n'était encore que prince royal et succéda à son père le 19 décembre 1797. Le Wurtemberg faisait cause commune avec l'empire germanique contre la France. Il se hâta, dès son avénement au trône ducal, de conclure la paix avec nous. Il m'écrivit; ses lettres étaient en bons termes; je lui répondis, nous fûmes en correspondance assez suivie jusqu'à mon départ pour l'Égypte. Depuis..... [1]

[1] Je suis à même de combler en partie la lacune laissée ici par Napoléon. La correspondance du général avec le duc de Wurtemberg reprit son cours immédiatement après le retour d'Égypte. Le duc s'empressa des premiers de reconnaître le gouvernement consulaire et en reçut la récompense au traité de Lunéville où il fut élevé au rang d'électeur. Dès lors il se dévoua entièrement à la politique du nouveau cabinet des Tuileries. En 1805, lors de la première campagne de Vienne, il reçut l'empereur dans ses États avec une magnificence digne de Louis XIV. L'empereur lui dit alors : — Monsieur l'Électeur, vous étiez mon cousin ; désormais vous serez mon frère. — Votre Majesté m'autorise donc à prendre le titre de Roi. — Oui ; quand on a les sentimens d'un roi, on mérite de l'être. Vous saurez, j'en suis sûr, faire respecter votre couronne. Napoléon, en lui parlant ainsi, faisait allusion à la lutte que le duc de Wurtemberg avait soutenue contre la noblessse de ses États. Celle-ci avait voulu faire preuve d'indépendance, mais elle s'était brisée dans ses tentatives contre l'opiniâtre volonté d'un prince dont la fierté, la force de caractère et l'énergie, surent plaire à l'empereur.

Note de l'auteur.

Comme s'il eût craint d'en trop dire sur ses relations présentes avec le duc, Napoléon s'arrêta tout à coup et reprit :

— La première femme du duc de Wurtemberg était spirituelle et gracieuse. On l'accusait d'avoir laissé tomber un regard de bonté sur un jeune page du duc. Ce page, enhardi par la bonté de sa souveraine, avait pris la licence de sortir des États du duc sans l'autorisation de son maître. Arrivé à la frontière, au moment où il soupait dans une auberge, on lui servit un fruit sur une assiette de porcelaine de Saxe où il lut ces mots : *Reviens, ou tremble !* Il revint. A peine de retour, il reçoit un très-beau verre en cristal de roche sur lequel il lit cet autre avertissement gravé en lettres d'or : *Pars, ou tremble !* C'était le cas d'obéir à cette seconde instruction, comme il s'était conformé à la première, mais l'amour est téméraire et le page resta.

L'histoire ajoute qu'un prince était venu trouver le père du page, lui avait mis sous les yeux diverses pièces et des lettres, d'où résultait la preuve d'une coupable complicité entre la femme de l'un et le fils de l'autre. « Prononcez la sentence du criminel, » aurait dit le prince, et alors le père, sans répondre un seul mot, aurait étalé de la cendre devant le foyer de la cheminée et tracé avec le bout de la pincette quatre lettres dont la première était un M... et la dernière un T.

Cependant on assembla un conseil où furent appelés les hommes d'État les plus considérables du pays, et quelques parens de la princesse; on les invita à examiner les pièces avec une attention sévère. Tous se rendirent à l'évidence, la culpabilité n'étant que trop bien démontrée. Une voix s'éleva pour proposer un accord en vertu duquel un divorce aurait lieu; ce fut un proche parent de cette infortunée, qui s'opposa à cet avis, soutenant que la moindre indulgence serait une lâcheté, et qu'un châtiment sévère et sans retour pouvait seul sauver l'honneur du prince. Cet avis fut adopté.

Le conseil séparé, celui des conseillers qui avait fait entendre une voix d'indulgence en faveur de la princesse, se hâta de l'informer du péril qui la menaçait, et lui offrit en même temps de la sauver dès la nuit même, si elle voulait promettre de ne plus revoir celui qui l'avait perdue. On la conduirait en Écosse où un château serait mis à sa disposition, mais elle ne devrait jamais le quitter.

Elle rejeta si vivement cette proposition, et surtout la condition mise à son salut, que le prince C...., qui s'était déclaré son protecteur, l'abandonna à son sort, disant : « J'offrais mon assistance à une femme repentante, mais non à une pécheresse endurcie. »

Le page logeait au château, dans une chambre située au plus haut de l'édifice; on en sortait par un long corridor qui se répétait à chaque étage jusqu'au rez-de-chaussée. On savait que chaque nuit il passait par cet endroit pour gagner un escalier voisin par où on descendait dans les cabinets de l'appartement de la princesse. A chaque étage on enleva quatre feuilles du plancher, et par ce moyen on ouvrit un abîme. Le malheureux jeune homme, croyant marcher sur un terrain solide, empressé de courir où l'amour l'attendait, ne se doutant encore de rien, s'élança hors de sa chambre plutôt qu'il n'en sortit. A peine il a fait quelques pas que son pied porte à faux; il veut se retenir, mais déjà il est englouti et il tombe sur le dernier plancher situé au dessus de la chambre de la princesse. On n'avait pu enlever entièrement le plafond, mais on était si bien parvenu à en diminuer la solidité, qu'il céda sous la violence du choc et le corps du page tomba brisé devant la princesse.

Vous figurez-vous cette femme, seule dans sa chambre en présence du corps mutilé de son amant! Se précipiter sur lui fut son premier mouvement, mais l'horreur de ce spectacle lui ôta l'usage de ses sens; et, s'étant relevée, elle retomba dans les bras de ses femmes accourues au bruit. Toutes poussaient des cris lamentables, et appelaient au secours. De tous les points du palais on accourut vers le lieu de la scène; personne ne put imaginer la cause de ce tragique événement. Un de ceux qui ne l'ignoraient pas l'attribua à la vétusté du palais, et, sous le prétexte d'empêcher qu'un pareil malheur se renouvelât, il fit fermer toutes les galeries superposées jusqu'à ce que le dégât ait pu être réparé. Ainsi, la multitude ne vit là qu'un accident fâcheux, mais qui n'avait rien d'extraordinaire.

Revenue à elle, la princesse ne s'y trompa pas, et comprit dès lors le sort qu'on lui réservait. Peut-être eut-elle alors quelque regret de ne pas avoir accepté les secours du prince C... R... Mais maintenant où le trouver?..... Dans cette situation épouvantable, déterminée à sortir des États de son beau-père, elle proposa à sa première femme de chambre de lui faciliter les moyens d'échapper à ses ennemis qui certainement deviendraient ses bourreaux.

La femme de chambre, se jetant à ses pieds, la remercia de lui avoir donné cette preuve de confiance; on réussirait d'autant mieux, que son frère, sur lequel on pouvait compter, était plus que qui que ce fût en état de la servir. Attaché à la police, à l'aide de ses intelligences avec une foule d'agens, il parviendrait à arracher la princesse à ses persécuteurs.

La princesse se crut sauvée; on convint que,

la nuit suivante, à une heure du matin, on sortirait du château en traversant un souterrain que la camériste connaissait et qui conduisait, à travers des caves modernes et des voûtes antiques, à une maison située hors de l'enceinte de la ville ; là une voiture tout attelée les attendrait.

Confiante dans la réussite de son projet, la malheureuse versait des larmes sur le sort de son amant, lorsque son mari lui fit demander si elle voulait le recevoir.

Au lieu d'accepter une entrevue dont les conséquences eussent peut-être amélioré son sort, n'écoutant que sa tendresse et son orgueil, elle écrivit à peu près en ces termes au souverain maître de sa destinée :

« Vous avez versé le sang d'un infortuné, j'étais seule coupable ; vous répondrez de sa mort devant Dieu, comme aussi vous répondrez de la mienne. Si vous étiez juste; je pourrais vous prendre pour juge ; mais, je ne le sens que trop, vous voulez être mon bourreau ; ne nous voyons pas, et que Dieu vous maudisse !.... »

Une lettre pareille était faite pour exaspérer un époux trahi; la nuit arriva, les heures s'écoulèrent.

La princesse avait réuni dans une cassette ses diamans, de l'or, des billets; il y avait de quoi vivre *incognito* sur une terre étrangère, elle et sa femme de chambre. Le coucher d'apparat eut lieu comme à l'ordinaire; mais, quand les dames de la princesse se furent retirées, celle-ci se releva palpitante d'espoir et d'inquiétude, et, lorsque l'horloge du château eut sonné l'heure convenue, elle s'enveloppa dans une vaste mante à l'ancienne mode, comme les bourgeoises en portaient encore au commencement de l'hiver. La princesse avait cru, à l'aide de ce vêtement commun, se dérober aux regards des curieux ou de ceux que le hasard amènerait sur son chemin.

En quittant l'appartement ducal, on prit un petit escalier, puis on suivit un long corridor parallèle aux cuisines et par où il était éclairé. Les gens de service travaillaient déjà aux repas du lendemain. La princesse eût pu entendre leurs propos, si, trop préoccupée de sa position et de sa douleur, elle n'eût été tout entière à son malheur.

Bientôt il y eut divers passages à franchir. En ouvrant une porte, le paquet de clés que portait la conductrice lui échappa des mains; les clés tombèrent çà et là, et la crainte du bruit troubla d'abord le couple fugitif, puis on chercha sur le sable, on retrouva les clés et on poursuivit.

A quelque distance, dans une caverne large, spacieuse, on fut arrêté par une porte : c'était la dernière à franchir pour être en dehors du château. Impossible de l'ouvrir, aucune clé ne mordit dans la serrure.

On croit tout naturellement que cette clé sera restée où les autres sont tombées; la femme de chambre retourne sur ses pas pour l'aller chercher, tandis que la princesse reste à l'attendre.

Elle attend, l'infortunée, dans une profonde obscurité; le temps est immobile pour elle, il

lui semble que des heures se sont écoulées, et
sa camériste ne revient pas. A-t-elle été surprise,
ou l'a-t-elle trahie? Enfin, ne pouvant plus demeurer dans cette incertitude, elle veut sortir
du souterrain; mais par où? mais comment?
L'excès de la peur donne quelquefois du courage. Elle se détermine à chercher l'issue de la
salle où elle est, et se rappelle qu'un étroit passage la précède. Alors elle marche droit devant
elle, jusqu'à ce que ses mains aient touché la muraille. Son plan est arrêté, la muraille lui servira
de guide, elle en suivra en tâtonnant les parois
jusqu'à ce qu'un vide lui annonce qu'elle a
gagné la porte. Elle marche donc avec précaution pour ne point se heurter contre des blocs
de pierre. Tout à coup elle entend des bruits de
pas au dessus de sa tête, et un jet de lumière,
pénétrant à travers un soupirail, la force à s'arrêter comme une statue. Elle entend des voix
rapprochées, et les paroles que l'on prononce
arrivent distinctement à ses oreilles. Elle écoute;
une conversation s'engage; ce sont des gens du
service qui causent entre eux. — Ce que c'est
que de nous, dit l'un, cette pauvre princesse!

A dîner encore elle a mangé avec appétit, et déjà la voilà mourante. — Nous sommes ici pour mourir, dit une autre voix, les princesses ne font pas, plus que les cuisinières, de pacte avec la santé et la mort. — Tu as raison, dit un troisième interlocuteur; malgré ça, c'est en finir bien vite; dire qu'elle se portait si bien, et qu'on craint qu'elle ne meure cette nuit; cela a quelque chose qui confond.

La princesse, comme on peut se le figurer, écoutait avec une cruelle anxiété ces propos de valets. Comme elle n'était pas la seule princesse qui habitât le château et que toutes étaient bien portantes, elle n'était pas précisément désignée; cependant un instinct secret lui faisait penser qu'il était question d'elle, et son esprit se perdit en mille conjectures.

Bientôt son incertitude cessa. Un homme accourut rejoindre ses camarades et leur dit : — Voilà une triste nouvelle; nous allons être en grand deuil. — Et de qui? — De la princesse héréditaire. — D'où sais-tu cela? — Je le tiens de Gimonde.

Gimonde! c'était précisément la camériste que la princesse attendait et qui devait favoriser sa fuite.

— Oui, poursuivit le dernier interlocuteur, je l'ai rencontrée tout à l'heure dans la grande salle; elle avait l'air bien affligé; elle m'a dit que les douleurs de la princesse devenaient si violentes, qu'à moins d'un miracle elle aurait cessé de souffrir et de vivre avant une heure. Presque tout le monde est debout dans le château. Le bruit s'en est répandu dans la ville, où les bourgeois prennent les armes. Je ne sais pas, mais il faut qu'il y ait là quelque chose d'extraordinaire.

La princesse était tellement absorbée dans l'attention, qu'elle prêtait à ces inexplicables propos, qu'elle n'entendit point un autre bruit qui se faisait dans l'intérieur du souterrain. Tout à coup elle se sent saisir par des bras robustes, et on l'entraîne violemment loin de la lucarne grillée devant laquelle elle était arrêtée. Elle pousse des cris, se débat, appelle au secours. Aucune voix amie ne lui répond; sans respect pour son rang, on la jette par terre brutalement, et de forts liens lui attachent les pieds et les mains.

En vain elle demande grace; en vain sa voix suppliante appelle sa famille et jusqu'à son époux : nul ne vient prendre sa défense, et les scélérats qui l'outragent parviennent à la garrotter si étroitement, qu'elle n'a plus aucun moyen de se défendre et de changer de place. On l'enveloppe dans un sac de satin noir; puis, pour dernier outrage, on la force à ouvrir la bouche, et on y introduit un baillon. Depuis ce moment, Dieu seul a pu entendre ses plaintes.

Ici l'empereur cessa de parler, et l'impératrice, profondément émue, lui dit : —Comment! tel fut donc le sort de la première femme de l'électeur de Wurtemberg! Mais, c'est elle que le bourreau de Strasbourg a été contraint d'exécuter?

— Joséphine, reprit solennellement Napoléon, le bruit en a couru; mais la langue du peuple est si facile à calomnier les grands, qu'il ne faut point admettre légèrement les rumeurs populaires. J'ai voulu vous raconter une histoire; le nom de l'électeur de Wurtemberg m'a rappelé celle-ci ; est-elle vraie, est-elle fausse? Croyez-en ce que vous voudrez. L'empereur se retira.

Le fait est que j'avais déjà entendu dire quelque chose de semblable, mais avec beaucoup moins de détails. Ce qu'il y a de certain, c'est que les États de Wurtemberg n'avaient jamais pu pardonner à leur souverain l'énergie avec laquelle il avait soutenu ses droits. De là, ces vengeances de salon, ces anecdotes qui deviennent, avec le temps, des mensonges historiques. L'empereur lui-même n'en a-t-il pas été maintes fois l'objet? Ne l'a-t-on pas accusé d'avoir eu pour sa belle-fille et sa belle-sœur Hortense d'autres sentimens que ceux d'un beau-père et d'un beau-frère? Ne lui a-t-on pas, à cette occasion, attribué une paternité deux fois incestueuse? N'a-t-on pas enfin trouvé des niais pour croire et des méchans pour propager cette infâme et absurde calomnie?

Cependant, il faut bien l'avouer, pour être au dessus du reste de l'humanité, les personnes royales n'en sont point en dehors; les mêmes passions peuvent les atteindre, les pensées criminelles peuvent entrer dans leur ame, et, comme elles ont plus de facilité pour se livrer à leurs mauvais penchans, ayant plus de chances d'impunité, il y aurait autant de légèreté à les absoudre de tous les crimes qu'on leur impute, qu'à les charger de tous ceux qu'on leur suppose. Ainsi donc, je ne me rends point garant de l'exactitude des circonstances dont on a environné la mort de la princesse héréditaire de Wurtemberg; mais, ce que je puis garantir comme vrai, c'est un autre fait de la même nature, et beaucoup plus récent. Je le rapporterai ici en vertu du privilége que je me suis attribué, d'intervertir à mon gré l'ordre des temps.

Gustave-Adolphe régnait en Suède. Ses folies, sa haine aveugle contre Napoléon, lui avaient fait perdre ses belles provinces de la Finlande et de la Poméranie. Lasse d'être gouvernée par un prince qui sacrifiait les intérêts de son peuple à ses caprices, la nation suédoise demanda aux grands du royaume de la délivrer d'un monarque inepte. Le 6 juin 1809, une conspiration éclata, qui accomplit le vœu national, en substituant à Gustave III, son oncle, le duc de Sudermanie, qui régna sous le nom de Charles XIII. En perdant la couronne, le roi déchu vit en même temps ses deux fils exclus de la succession au trône.

Gustave III avait épousé Frédérique-Dorothée-Willelmine, princesse de Bade, née le 12 mars 1782, mère des deux fils qui suivirent leur père en exil, où tous les trois vivent encore.

Le nouveau roi n'ayant pas d'enfant, la Suède le contraignit à faire choix d'un héritier que la sanction des États rendrait légitime en même temps que l'adoption royale. Il adopta le prince Christiern d'Augustembourg, dont la mort subite, survenue au bout d'un an environ, est encore un problème historique non résolu.

Peut-être eût-on mieux fait alors de rappeler, non pas le monarque détrôné, mais l'aîné de ses fils, noble prince, digne de ce retour de justice de la part d'une nation grande et généreuse; il n'en fut point ainsi; on abandonna la cause de la légitimité, et on se perpétua dans celle de l'usurpation; mais, afin de rendre celle-ci respectable et brillante, les États de Suède envoyèrent en France proposer la couronne au guerrier illustre qui, après Napoléon, figurait aux premiers rangs de l'armée française.

Si jamais un simple citoyen a mérité de s'asseoir sur un trône, c'est sans doute Charles-Jean Bernadotte; l'Europe l'avait vu grand capitaine, négociateur habile, administrateur éclairé, commander les armées, suivre la diplomatie dans ses actes difficiles, diriger des ministères avec l'aisance d'un homme rompu aux affaires; économe et libéral, sage et téméraire, et, pour compléter son éloge, mauvais courtisan. C'est peut-être ce qui l'a fait roi.

L'Europe jalouse approuva toutefois le choix du roi et des États de Suède, d'accord avec le libre consentement de la nation. Charles-Jean montrait déjà ce qu'il serait un jour, lorsqu'une catastrophe, encore enveloppée aujourd'hui sous un voile mystérieux que je soulèverai le premier, fut sur le point de replonger la Suède dans un deuil bien plus douloureux que le précédent, tant est grande la distance qui sépare le prince français du prince de Danemarck.

Lors du départ de Gustave III, la reine, sa femme, ne l'avait point accompagné dans son exil; elle était demeurée en Suède; on expliquait assez mal sa présence, qui embarrassait la cour du vieux roi, son oncle, et qui ne contribuait point à l'embellir. Renfermée dans son palais, on ne la voyait que rarement dans les réunions d'étiquette, là où autrefois sa présence était le signal des plaisirs. Cependant cette triste reine réunissait encore de temps en temps, dans un gala d'apparat, les seigneurs suédois et les dames qui ne craignaient pas de déplaire au prince royal. Le nombre en était très-borné, car il n'est guère d'usage dans les cours de se tourner vers le malheur.

Charles XIII voulant placer sa nièce dans une meilleure position, l'engagea à triompher de sa douleur, à oublier le passé et à recevoir chez elle le prince héréditaire, Charles-Jean. La reine hésita long-temps; enfin elle se soumit à la nécessité, annonça une soirée à l'anglaise, un gala avec un thé, qu'un jeu précèderait, la danse étant chez elle un exercice inconvenant.

La cour entière, surprise d'une pareille nouveauté, se rendit à l'invitation de la reine Dorothée. Les seigneurs étrangers, les ambassadeurs, s'y trouvèrent réunis. Le vieux roi seul, étant indisposé, n'y parut point; il s'était opposé à la remise du gala. La fête fut extrêmement brillante; la reine en fit les honneurs avec une grace parfaite. On établit, comme de coutume, des parties de jeux. A la même table de whist se trouvèrent placés la reine, le prince héréditaire, et les ambassadeurs d'Angleterre et de Russie. La partie finie, on servit le thé. Une table particulière, recouverte d'un magnifique plateau était préparée pour Sa Majesté et Son Altesse royale; Charles-Jean y prend place; la reine verse le thé dans les deux tasses, les pose sur un second plateau d'or et se lève pour le placer vis-à-vis du prince; celui-ci déjà porte la main vers sa tasse, quand il sent sur son épaule la pression d'un doigt tellement forte, et par suite tellement significative, qu'il vit bien que c'était un avertissement... Quel en était le but? Sa sagacité gasconne le lui découvrit comme un trait de lumière.

— Ah! Madame, dit-il à la reine, est-ce à moi de souffrir que Votre Majesté me serve! Et il s'est emparé du plateau, et il le retourne si adroitement que la tasse qui lui était destinée est devant la reine, et que l'autre tasse est devant lui. Tout cela fut exécuté sans affectation, avec les formes d'une exquise politesse et accompagné d'un sourire gracieux. Le front de la reine se couvre d'une pâleur mortelle; Charles-Jean la suit des yeux avec une extrême inquiétude, mais sans changer de visage, car il a pu se tromper. Que va-t-elle faire? Avouer son crime? Non, elle s'est promptement remise; elle prend sa tasse, salue d'un sourire le prince héréditaire, comme pour lui faire les honneurs de son thé. Elle boit jusqu'à la dernière goutte. Le lendemain la Gazette de Stockholm contenait ce peu de mots : « La reine Dorothée est morte subitement pendant la nuit. »

Je ne me rappelle pas la date précise de cet

événement, mais c'était en 1813. D'abord on ne sut rien de plus que ce que la gazette annonçait, et l'apoplexie foudroyante eut sa responsabilité accoutumée.

Maintenant je livre cette anecdote à la critique ; je la défie d'en contester l'exactitude, je tiens les faits de l'impératrice Joséphine elle-même, qui sans doute les avait appris de la reine d'Espagne, sœur de la princesse royale de Suède. Depuis, j'ai eu l'occasion d'en parler à beaucoup de Suédois, en relation avec leur cour, et tous m'ont confirmé la vérité de ce que m'avait dit Joséphine.

CHAPITRE XI.

Il n'est point de souvenirs que je réveille avec autant de plaisir que ceux qui me reportent à la Malmaison, auprès de l'impératrice Joséphine. J'y étais tout à l'heure et j'y reviens encore.

C'était peu de temps avant le sacre de l'empereur ; on attendait le pape à Paris. Ce jour-là je remarquai, malgré ses efforts pour n'en rien laisser paraître, que Joséphine était embarrassée, inquiète, distraite, pensive. La bienveillance qu'elle me témoignait comme à une ancienne connaissance me permettait quelquefois sinon de lui adresser des questions directes, du moins de la stimuler respectueusement pour qu'elle nous entretînt de ce qui paraissait l'oppresser. Le soir dont je parle elle me dit :

— Le pape ne veut venir sacrer l'empereur qu'à des conditions folles; puis il ne veut pas que je sois comprise dans la même cérémonie. A l'entendre, les femmes ne doivent être sacrées que lorsqu'elles règnent de leur chef.

— Il est certain, Madame, qu'aucune reine de France n'a reçu l'onction ; la plupart même n'ont pas été couronnées, notamment les quatre dernières reines, femmes de Louis XIII, de Louis XIV, de Louis XV et de Louis XVI. La dernière cérémonie de ce genre a été le couronnement de Marie de Médicis, femme de Henri IV; ce prince a été assassiné si peu de temps après, que cela a été regardé comme un mauvais présage, et c'est peut-être ce qui a fait renoncer à couronner les reines.

— Ainsi, vous ne croyez pas que ce soit mauvaise volonté de la part du pape, ni que personne lui ait suggéré un pareil refus dans l'intention de pouvoir m'écarter un jour du trône?

Jamais l'impératrice ne m'avait parlé d'une manière aussi directe de la crainte qui la préoccupait sans cesse. Madame de Rémusat, qui était avec nous, se joignit à moi pour dissiper ce nuage; je rassurai de mon mieux Joséphine, sans être fort rassuré moi-même. Je soupçonnais déjà que l'empereur sacrifierait tout au désir d'avoir un héritier direct et légitime; mais enfin l'impératrice ajourna ses craintes et ne parut plus occupée, le reste de la soirée, que des apprêts du sacre et des brillantes toilettes que nécessiterait cette cérémonie.

Ce fut une étrange nouveauté ; ce changement subit de la république en une monarchie attrista les royalistes, indigna les républicains; le gros de la nation le vit avec joie, espérant enfin la tranquillité. Je me rappelle qu'à cette époque j'entrai dans un magasin opulent de la rue Saint-Denis; le maître de la maison me connaissait de nom et un peu de vue; il ignorait d'ailleurs mes rapports de société avec les Bonaparte. Je le vis charmé et satisfait, et cela si ostensiblement, que je lui demandai pourquoi il manifestait une si vive allégresse.

— Eh! Monsieur, me dit-il, la cause de ma satisfaction est simple; enfin nous voici en dehors des troubles, des agitations, des massacres, des tueries qui, depuis douze ans, désolent notre pauvre France. Ah! que nous fûmes fous en 1789 et 1792 de renverser de son trône un bon roi pour y substituer des tyrans féroces, hargneux, avides et barbares; ils nous ont ou ruinés ou tués, et souvent nous avons vu périr nos parens et ruiner nos familles; nous aurions obtenu du roi tous les avantages, droits, libertés, émancipations nécessaires; Louis XVI les accordait par sa déclaration du 23 juin 1789. Eh bien! qu'avons-nous eu? des crimes, des sacriléges; on a détruit la religion, la royauté, la morale; on a récompensé le libertinage, la dénonciation, rompu tous les liens de famille; grace à Dieu, nos yeux se sont ouverts; la convention, le directoire nous ont dégoûtés de la république; les peuples ne sont heureux que là où les rois règnent; parce que forcément les rois sont nos pères, qu'ils ont un intérêt, perpétué de siècle en siècle, à consolider un héritage dont leurs descendans jouiront après eux. Dans la république, au contraire, pas d'hérédité; par conséquent, chacun pour soi; on cherche à faire rapidement sa fortune, et, pour y arriver, tous les moyens sont bons. Voilà pourquoi, nous autres bons bourgeois de Paris, qui avons famille, biens, illustrations relatives, nous sommes charmés de voir reconstruire un trône dont le possesseur, pour s'y maintenir, nous conservera nous-mêmes.

— Et les Bourbons? dis-je.

— Ah! les Bourbons!.... oui, ce sont de braves gens; nous les avons regrettés sans doute; mais que pouvions-nous pour eux? Les uns ont fui au premier signal du péril, et nous ont donné par là une triste idée de leur attachement à la France; les autres n'ont pas su conserver la couronne. Ma foi, nous acceptons Bonaparte;

il a bec et ongles : il se soutiendra, celui-là.

Le même jour, je répétai à Napoléon cette conversation sans en rien omettre ; elle le charma.

—Oui, dit-il, les gens de boutiques sont devenus raisonnables ; ils ont vu combien étaient vains les songes qu'on cherchait à leur faire prendre pour des réalités ; ils voient que la paix, que la prospérité du commerce et de l'industrie résultent uniquement de la monarchie et jamais de la république ; désormais les ambitieux ne les attraperont plus.

Nous touchions, ai-je dit, au sacre. Une dame de mes amies, qui aimait à recueillir des anecdotes concernant les personnages extraordinaires de l'Europe, m'a fait, il y a quelques années, le récit d'une conversation très-piquante, qui aurait eu lieu aux Tuileries la veille de la grande cérémonie. Je n'hésite pas à la reproduire ici, car je sais quels étaient les rapports intimes de cette dame, célèbre elle-même, avec la famille de Napoléon. Je lui cède la plume : c'est elle qui écrit.

La veille du sacre, dans la soirée, toute la

famille impériale s'était réunie dans la chambre à coucher de l'impératrice; le prince Murat arriva beau comme un astre, et dans la magnificence du costume qu'il devait porter le lendemain; chacun de le voir et de l'admirer.

— Ma foi, dit-il, ce sera une belle chose que notre cérémonie.

— Oui, dit sa femme, pour ceux qui y joueront le premier rôle.

— Et qui vous a dit, répliqua le nouveau monarque à sa sœur, que ce rôle ne sera pas un jour le vôtre?

— Avez-vous, Napoléon, un trône à me donner?

— Je n'en vois pas en Europe de vacant, dit le prince Joseph, non sans émotion.

— Il s'en présentera, dit Hortense.

— En vérité, dit madame Bacciochi, un trône est une bonne chaise-longue.

— Où l'on dort mal à son aise, répondit Joséphine en soupirant.

— Ce n'est pas faute de berceurs et de berceuses, riposta Louis.

— Un trône, un sceptre, dit Pauline, tout cela est joli lorsque des fleurs le garnissent ou lorsque les lauriers le parent comme le vôtre, mon frère. Elle se tourna vers l'empereur.

— Tu es aimable, Pauline, répliqua-t-il en l'embrassant. Mais Joséphine a raison, le repos n'est point fait pour les têtes couronnées.

— Je voudrais savoir, dit madame-mère, ce que pense à cette heure celui qui se prétend roi de France.

La question était inattendue; aussi fut-elle suivie d'un silence général que rompit bientôt Napoléon.

— Ma mère, le comte de Provence (Louis XVIII), qui a de l'esprit et du sens, emploiera cette soirée et la nuit qui va suivre à maudire les flatteurs de son frère et de sa belle-sœur, et à se répandre en imprécations contre les favoris et les favorites, les maîtresses, les mignons; contre les fausses mesures, les dispenses inutiles,

les mauvais ministres, les conseillers incapables ou traîtres ; il déplorera les vices de son aïeul, la faiblesse de Louis XVI, l'opiniâtreté de la reine, l'avidité, l'ineptie des Polignac, la folle confiance avec laquelle on assembla les États-Généraux, la lâcheté qui recula devant eux ; et, pour couronner l'œuvre, la faute irréparable de l'émigration ; voilà les causes positives de ses malheurs et de mon heureuse fortune. Ce seront les serpens qui le dévoreront ; il est à plaindre, j'aurais pu améliorer son sort.

— Ah! mon frère, dit Caroline — la future reine de Naples — renoncer volontairement à une couronne qui a reposé pendant tant de siècles sur la tête de ses ancêtres! certainement il vaut mieux mourir.

— Oui, ajouta Murat, si j'étais roi, je ne céderais jamais mon sceptre. On n'est jamais réduit à vivre en roi détrôné quand on sait mourir.

— Mon frère, le désespoir ne doit jamais s'emparer d'une ame vraiment royale. La patience a son héroïsme, et on attend qu'une chance favorable nous ramène enfin au point du départ.

— Dans ce cas, reprit Murat en riant, ma chance me reconduirait à Figeac [1]; mais je ne reviendrai pas là si mon épée et votre amitié font quelque chose pour moi.

— Je serai donc demain couronnée? dit Joséphine.

— Aucune reine de France n'a été sacrée, ma mère „ajouta Hortense.

— Quant à moi, dit l'empereur en souriant, je me suis créé quelquefois de magnifiques châteaux en Espagne; mais franchement, ils ne valaient pas les Tuileries. Dans mes rêves, je croyais manier l'épée de Roland, mais sans songer encore à la changer contre la couronne de Charlemagne. Au reste, poursuivit-il d'un ton grave, je n'ai jamais enfanté de chimères sans que ce fût pour la grandeur et la prospérité de la France.

---

[1] Le roi Joachim Murat n'est pas né à Figeac, mais à la Bastide, près de Cahors.

Je voulais, dès 1789, qu'elle fût forte et riche; la Providence m'a choisi pour accomplir mon vœu de jeune homme. Je donnerai à la France tout ce que je voulais qu'elle eût : de la gloire, des lois justes, une bonne administration. Je suis dépositaire du serment, que je me fais à moi-même, de tout rapporter à la patrie; et certes je ne le violerai point.

— Le pape à Paris! et pour sacrer mon fils!! répétait à haute voix madame Lætitia. Que dirait notre vieux oncle, le chanoine de ◼︎*n-Miniato*, s'il vivait encore.

— Bon, reprit l'empereur, il me tourmenterait comme un diable pour que je fisse canoniser, par le pape, le père Bonaventure Bonaparte, *capucin indigne*, au couvent de Bologne, et déjà béatifié.

— Nous avons un saint dans la famille, s'écria-t-on de toutes parts; et vous, mon oncle, vous ne nous en disiez rien, dit-on au cardinal Fesch.

—C'est un béat italien et non un saint du paradis, répliqua le grand aumônier en essayant de garder sa dignité, et par conséquent je peux ignorer son existence.

— Jalousie de saint, dit Caroline.

— Vous ne m'en aviez jamais parlé, dit aussi madame Lætitia, mais d'un ton de reproche et en s'adressant à son fils.

— Ma mère, c'est que je songe peu encore à la gloire éternelle.

— Celle de la terre lui suffit, dit Joséphine.

— Contez-nous, mon frère, ce que vous savez de ce vénérable personnage, dit la princesse Joseph Bonaparte.

— Ma sœur, répliqua Napoléon, moins que toute autre vous devriez avoir le désir que je vous le fisse connaître, car bien certainement vous le rencontrerez dans le ciel.

Cet éloge était sincère et mérité; les vertus de la reine d'Espagne sont enregistrées sur le livre de vie; elle en aura la récompense un jour.

Madame-mère reprit la question de sa bru, et l'empereur commença son récit en ces termes :

— J'étais en Toscane, je venais de chasser les Anglais de Livourne au mois de 1797, lorsque trente personnes me rappelèrent l'existence d'un personnage de ma famille, habitant *San-Miniato* ; c'était le chanoine Grégoire Bonaparte, religieux et chevalier de l'ordre de Saint-Étienne. Je fus charmé de lui rendre mes devoirs, et lui expédiai Berthier pour le prévenir de ma visite prochaine; il m'accueillit à merveille avec tout mon état-major; puis, à la suite d'un dîner splendide et tout-à-fait canonique, il me prit à part. — « Monsieur mon neveu, me dit-il, et per-
« mettez-moi de vous qualifier ainsi, vous voilà
« sur le chemin pour ajouter une grande illustra-
« tion au nom de vos pères; sachez que votre fa-
« mille est des plus anciennes : nous descendons
« des seigneurs de Trévise et peut-être des rois
« lombards. J'ai ici des titres de noblesse que je
« vous léguerai après ma mort, et que vous serez
« charmé de vérifier quoique vous soyez au ser-
« vice d'une république; mais les hochets de la

« vanité ne sont rien auprès d'un honneur bien
« autrement respectable que, dans votre posi-
« tion, vous obtiendrez bien facilement du pape :
« c'est qu'il procède gratis à la canonisation du
« père Bonaventure Bonaparte ; il y aura bientôt
« deux cents ans que ses confrères l'ont fait béa-
« tifier ; ses ossemens reposent dans cette ville,
« en l'église de *Santa-Maria-della-Vita*, au milieu
« de la chapelle de Saint-Jérôme et dans un ma-
« gnifique tombeau de porphire. Mon neveu,
« voilà le point auquel vous devez vous attacher.
« Faites canoniser votre parent : il en rejaillira
« sur nous un éclat plus pur que celui des gran-
« deurs de la terre. »

Le bon chanoine finit ainsi ; je ne savais trop que lui répondre ; j'éludai, et nous nous séparâmes contens l'un de l'autre. A mon arrivée à Florence, je lui fis donner, par le grand-duc de Toscane, le grand cordon de l'ordre de Saint-Étienne, auquel il appartenait déjà.

— Tout est-il bien vrai, demanda la princesse Joseph, dans ce que vous venez de nous dire?

— Vrai comme l'Évangile, répondit le cardinal Fesch, et, puisqu'il faut que j'humilie ma famille devant la vôtre, je vous avouerai que Pie VII m'a souvent parlé de ce bienheureux.

— Et que vous en a-t-il dit, mon frère? dit madame-mère.

— Qu'il ne doutait pas de la sainteté du père Bonaventure; qu'il avait pris à ce sujet toutes les informations, et que, pour peu que l'empereur le souhaitât, il procèderait à sa canonisation. Le saint-père a même ajouté, dans une des dernières audiences, où nous avons parlé du béat Bonaparte : « C'est lui sans doute qui, du séjour
« des bienheureux, a conduit, comme par la main,
« son jeune parent Napoléon dans la carrière
« glorieuse qu'il vient de parcourir; c'est ce saint
« personnage qui l'a préservé du danger au milieu
« des batailles; l'empereur lui doit de la recon-
« naissance et des prières. »

— Et combien coûte une canonisation? demanda la princesse Borghèse.

— Trois cent mille francs au moins, dit le cardinal.

—C'est bien cher, répliqua madame-mère en soupirant.

— Trois cent mille francs! dit l'empereur; il vaut mieux en employer le revenu à augmenter la dotation de la Légion-d'Honneur.

Ce propos termina la conversation sur le père Bonaventure Bonaparte, et on en revint à parler de la cérémonie du lendemain.

— Ce sera, dit le cardinal Fesch, une chose bizarre : un empereur sans noblesse, sans seigneurs titrés autour de son trône.

— Mon oncle, dit l'empereur avec impatience, *Paris n'a pas été bâti en un jour;* avec la disposition des esprits, il m'a été plus facile de reconstruire le trône, que de rétablir la noblesse. Cependant, elle aussi reprendra son existence, j'en ai besoin ; car, ne vous y trompez pas, la noblesse est utile dans un État : elle sert de récompense, elle l'orne et elle le soutient.

— Comment la reconstituerez-vous? demanda le prince Joseph; sera-ce une création, ou rendrez-vous la vie à un corps mort?

— Tout doit émaner de moi; rien dans mon empire ne remontera au-delà de l'avénement du chef suprême. Je serai le fondateur d'une nouvelle noblesse et non pas le restaurateur d'une institution vermoulue.

— Hâtez-vous, dit Pauline; il me tarde de voir mes antichambres remplies de valets titrés.

— En vous servant de ce terme de mépris, dit Napoléon, vous blesseriez l'amour-propre de gens qui ne vous pardonneraient point.

— Bon! des nains!

— Ma sœur, les naturalistes prétendent qu'en France une seule vipère n'a pas assez de poison pour donner la mort à un homme, mais il périra soudain si quatre vipères le mordent en même temps. A vous l'application.

Je ne m'arrêterai point à décrire les pompes du sacre; il en existe déjà assez de descriptions; d'ailleurs, je cherche à faire connaître ce qui a jusqu'ici échappé aux investigations des auteurs contemporains, et non à présenter un ensemble de faits dont la plupart seraient déjà connus. Je parle de ce que j'ai su et vu, et non de ce que j'ai lu, à moins que je n'aie à faire quelque rectification essentielle et à présenter sous leur véritable aspect des choses qui n'ont paru qu'éclairées d'un faux jour.

Par exemple, voici quelques détails de politique intérieure qui jusqu'ici sont, je crois, demeurés inconnus.

Immédiatement après le sacre, le saint-père se montra fort désireux de retourner à Rome, et voulut fixer le jour de son départ. L'empereur, en ayant été instruit, fit appeler le cardinal Fesch.

— Sire, charbonnier est maître chez soi; le pape aime Rome, sa propriété.

— Mon Dieu, s'il le veut, les domaines ne lui manqueront pas; ne pourrait-il se plaire à Chambord, à Tours où il y a des églises superbes; à Bourges où je lui ferai bâtir un palais; nous voisinerons; de Fontainebleau, j'irai le voir; il aurait une cour nombreuse, un collége de cardinaux au complet, des gardes d'honneur, des hommages sans fin.

— L'empereur veut donc qu'il ne retourne plus à Rome ?

— Je ne dis pas cela ; il est le maître de ses actions...... Pourquoi n'irait-il pas visiter le Midi ; on dit qu'à Toulouse il y a beaucoup de piété, une noblesse fervente et catholique de la tête aux pieds ; des basiliques célèbres, un antre où l'on conserve les corps de six à sept apôtres, une sainte épine, et les restes de quarante martyrs ; on construirait à côté de ce monument antique un autre vatican.

— Dès lors le pape renoncerait à Rome ?

— Je ne dis pas cela ; mais là, franchement, pourquoi le saint-père, s'il aime la France et moi, ne serait-il pas charmé de recouvrer Avignon, cette ville pleine de souvenirs pontificaux, dont les habitans se croient encore les sujets des papes. Hé bien, sa sainteté règnerait sur elle, aurait l'œil sur l'Italie, elle toucherait à l'Allemagne ; la position est unique ; on ne pourrait mieux choisir la résidence du père commun des fidèles.

— Mais, Sire, en allant à Avignon, le pape abandonnerait Rome?

— Je ne dis pas cela, mon oncle; mais que vous êtes singulier; je cherche à plaire à votre ami, à un vieillard que j'aime; je voudrais le rendre heureux. Que fait il à Rome? Il y est en butte à ma méfiance; il doit ménager les Anglais, et par conséquent me déplaire. A Avignon, au contraire, nous serions toujours en bonne intelligence; je le comblerais de dons; le Saint-Siége serait plus riche que jamais il n'a été.

— Je lui en parlerai, mais je crains qu'il ne veuille pas abandonner Rome, comme vous le voulez.

— Je ne dis pas cela.

— Mais au fond.

— Le fond n'est rien, la forme fait tout. Voyez le parisien, donnez-lui un billet de théâtre portant *première loge*, il montera avec aux troisièmes sans murmurer, pourvu qu'à la porte du poulailler qu'on lui destine, il retrouve ce mot de *première loge*, inscrit sur son billet.

Le cardinal ne put s'empêcher de rire de la comparaison au moins vulgaire de l'empereur ; il s'engagea cependant à le proposer au saint-père et tint parole, mais il le fit faiblement. Le pape n'eut pas l'air de le comprendre et se maintint dans la résolution de franchir de nouveau les Alpes en même temps que l'empereur qui allait se faire couronner roi d'Italie ; il fallait en passser par là, car on ne pouvait le retenir, ainsi que Fouché le conseillait, sans faire une esclandre effroyable, sans se charger d'une horrible ingratitude.

A sa dernière entrevue avec Napoléon, le pape lui dit qu'il tardait trop à accomplir les promesses qu'il lui avait fait faire par l'entremise de son parent et ambassadeur le cardinal Fesch. Il les lui détailla, et, à chacune, Napoléon de se montrer surpris et de jurer que toutes ces choses étaient entièrement nouvelles pour lui.

— Quoi! Sire, les trois légations ne reviendront pas au Saint-Siége?

— Elles ne lui ont pas été assurées.

—Et Saint-Pierre, en ma personne, ne rentrera pas à Avignon et dans le comtat venaissin?

—La constitution de l'empire y met un invincible obstacle. J'ai succédé à la république une et indivisible.

— Et le clergé français ne recouvrera pas ses domaines non vendus, et vous n'aviserez pas au moyen de le rendre indépendant du budget?

—Je certifie à Votre Sainteté que mes prêtres trouvent fort bon de toucher à jour fixe leur traitement, et de ne pas être dans la nécessité de s'inquiéter s'il grêle ou s'il pleut.

— On m'avait promis la réouverture des monastères.

— Et cela aura lieu; j'approuve fort ces maisons de retraite; qu'on les dote, et j'en autoriserai l'établissement.

— Bien, mon fils, bien; mais le reste?

— Ne me regarde pas; je n'ai rien ordonné, c'est le cardinal Fesch qui, par excès de zèle...

— Je serais charmé, dit le pape, de l'entendre sur ce point; il est dans la salle voisine, permettez-moi de le faire appeler.

—Malgré mon vif désir de satisfaire Votre Sainteté, je ne saurais consentir à une chose qui pourrait humilier mon oncle; j'aurais des reproches à lui faire: il vaut mieux que nous soyons seul à seul; d'ailleurs, ce que j'éloigne aujourd'hui, les circonstances me permettront de le faire plus tard; les intérêts de l'Église me sont chers comme les miens, et je finirai par trouver les moyens de nous mettre d'accord; mais laissons le passé; vous aviez de la peine à régir les légations; la pétulance de ces peuples avait besoin de passer sous mon autorité. Le comtat vous était à charge, et c'est un vrai service qu'on vous a rendu en vous enlevant ce ver rongeur.

L'empereur se maintint sur ce ton; le pape n'en obtint rien. Espérant meilleure composition du prince de Bénévent, il l'invita à venir lui parler au pavillon de Flore, où logeait sa Sainteté; le rusé diplomate s'y rendit; il écouta les plaintes du pape, d'abord ne les comprit pas, puis les éluda; ensuite il chercha à éviter une explication franche; enfin, poussé à bout par la persistance du souverain pontife, il lui dit:

— Que Votre Sainteté ne se tourmente plus du passé: ce qui est fait est fait. L'empereur a tant de force dans le caractère, que, par votre puissance de vicaire de Dieu, vous retireriez plutôt du purgatoire toutes les ames qui maintenant y souffrent, que de lui arracher la moindre parcelle des trois légations et du comtat venaissin.

— Dans tous les cas, mon fils, je mets cette fraude sur sa conscience.

— Très-Saint-Père, au jubilé prochain, nous tâcherons de nous tirer de ce mauvais pas en gagnant loyalement vos indulgences.

— Il prend le bien de Dieu.

— Toute la terre appartient au Seigneur.

— Il m'a trompé.

— Et moi aussi, et le cardinal Fesch; mais peut-on reprocher quelque chose à un homme qui dispose d'un million de soldats et qui a un milliard à dépenser par an ?...

CHAPITRE XI.

Descendons maintenant des régions du trône, et voyons un peu ce qui se passe dans son entourage.

Dès l'époque du couronnement, il y eut en apparence une espèce de fusion entre la vieille noblesse et les personnages du nouveau régime. On vit les plus illustres maisons de France arriver à la file et aspirer à des charges de palais. Nous eûmes là des Montmorency, des Larochefoucauld, des Rohan, des Mortemart, des Noailles, des Narbonne, des Mercy-d'Argenteau, des Talleyrand, des Darberg, des Beaumont, des Forbin, des Lostanges, des d'Harcourt, des Lusignan, des Brissac, des La Vauguyon, des Choiseul, des Coigny, des Broglie, des Laforce, des Valence, des Nicolaï, etc.

Les femmes de ces messieurs ne demeurèrent pas en arrière; et, à dater de ce moment, la cour impériale prit une physionomie particulière, résultant du mélange des deux époques. Les deux noblesses, entrant par la même porte, ne se plaçaient pas au hasard; l'ancienne noblesse se rangeait d'un côté, les gens du jour, de l'autre. C'étaient, des deux parties, des railleries perpétuelles; de la dignité outrée dans nos rangs, une impertinence marquée parmi les nouveaux. On s'observait : un ridicule signalé, dévoilé, surpris, passait de bouche en bouche; on reprochait aux femmes d'autrefois leur pauvreté orgueilleuse et la nullité de leurs maris. Nous rendions la pareille, et, dans cette lutte, nous l'emportions en persifflage. Venions-nous à parler de nos ancêtres, on nous ramenait au temps présent; alors nous invoquions le mérite d'une éducation supérieure, et ici nous reprenions notre avantage; mais nous le perdions lorsqu'on nous reprochait notre pusillanimité à servir la cause des Bourbons, et notre soumission empressée aux volontés de Napoléon.

Maintenant, pour sortir des généralités qui manquent toujours de relief, je vais demander à l'histoire secrète du temps quelques portraits, quelques aventures qui feront mieux connaître la nouvelle cour, que ne le feraient les plus belles dissertations du monde. Cependant, je dois ajouter que je ne m'arrêterai qu'à des exceptions.

La femme du général d'Or... était d'une naissance au moins commune; prétentieuse et bavarde, elle s'était mis en tête de prendre rang parmi les *vieilles femmes*, désignation que la malignité avait adoptée à l'égard des dames de l'ancienne noblesse; cela déplut, on la repoussa. Elle s'aperçut facilement du complot tramé contre elle; furieuse de la découverte, elle résolut de s'en prendre à la première qui se trouverait sous sa main.

Un soir, elle se rencontre à je ne sais quelle porte intérieure des Tuileries avec madame de Mon..... qui veut lui en faire les honneurs, et qui, d'un ton de supériorité impérieuse, lui fait signe de passer; madame d'Or... s'arrête, fait une belle révérence, et dit :

— Ah! Madame, chaque fois que je viens faire ici un acte de bassesse, je suis trop heureuse de rencontrer un *modèle* que je puisse imiter.

Le mot était dur; madame de Mon..., piquée au vif, aurait désiré le garder pour elle; mais la maligne générale le répéta à qui voulut l'entendre; depuis lors on désigna nos femmes sous le titre de *modèle*. Mais nous eûmes plus d'une fois l'occasion de prendre notre revanche.

La comtesse de C..... se trouva un jour prise dans une escarmouche à peu près pareille; mais elle s'en tira avec plus de bonheur. Dame du palais de Joséphine, elle plaisantait madame la maréchale Lefèvre sur ses gestes brusques, sur ses paroles trop significatives. La vivandière parvenue, prenant la parole, lui dit :

—Vous êtes aujourd'hui bien forte en gueule, p.... de femme de chambre que vous êtes.

—Excusez-moi, madame la maréchale, répondit la comtesse de C..., je ne comprends pas ce que vous dites; j'ai pu avec de l'étude parvenir à entendre l'italien, l'anglais, mais j'ignore entièrement la langue des corps-de-garde.

La maréchale ne demeura point en reste.

—Hé bien, dit-elle, je me charge de t'en donner des leçons quand tu voudras, parce que tu es une bonne b....esse; j'aime que l'on n'hésite pas à me répondre.

Ce dialogue rapide ayant été entendu de plusieurs d'entre nous, on le rapporta à Joséphine qui tarda peu à en régaler Napoléon; il rit d'abord; puis il comprit que des scènes pareilles ne donneraient pas de dignité à sa cour; en conséquence il se détermina à en parler au maréchal Lefèvre, afin que celui-ci engageât *son épouse* à tempérer la rudesse de ses expressions. Plusieurs jours s'écoulèrent ; la parfaite bonté de Napoléon hésitait à traiter ce point désagréable avec l'un des plus vaillans et des plus vertueux capitaines de son armée; enfin, croyant avoir rencontré une occasion favorable : — Monsieur le maréchal, lui dit-il, madame la duchesse est sans doute une femme excellente, mais elle ne mesure pas assez ses paroles.

— C'est vrai, Sire, pas plus que le jour d'une bataille elle n'était chiche de rogomme, quand il s'agissait d'engager les soldats à bien faire leur devoir pour le service de la patrie.... et de Votre Majesté.

Le début de la réponse plut à l'empereur; mais le mot de patrie n'étant point usité dans le vocabulaire de la cour, Napoléon répondit d'un ton sec : — Oui, c'est à merveille, mais il n'est pas moins vrai que la maréchale a manqué à la comtesse de C...

— On a encore trompé l'empereur, dit l'Ajax français avec un sang-froid désespérant; oui, certainement, on l'a trompé, car je n'ai pas vu le mari.

—La duchesse devrait s'observer davantage; dites-le-lui, et brisons là.

Dans une autre circonstance, l'empereur dit à l'un de nos collègues, le comte de Tournon:
— Il est singulier que j'ouvre mon palais à tout le monde, et que les salons du faubourg Saint-Germain soient inaccessibles aux femmes de mes grands. En vérité, je crois qu'on ne vient chez l'impératrice que parce qu'elle a été vicomtesse de Beauharnais; cela serait par trop ridicule et pourrait finir par devenir dangereux.

Je ne me rappelle pas la réponse de Tournon; elle fut maladroite et par suite impatienta l'empereur qui se mit à dire :— Monsieur, lorsque la noblesse de France a passé de la famille des Bourbons à la famille Bonaparte, elle a dû se décider à subir toutes les conséquences de cette défection; vaut-elle mieux que la mienne, que celle que je crée aujourd'hui? compte-t-elle dans ses rangs moins de flatteurs et de concussionnaires, de sangsues du trésor? Je n'ai pas été la chercher, elle est venue à moi, et j'ai vu avec regret qu'ayant refusé de me suivre dans le chemin de la gloire que je lui montrais, elle s'est précipitée en foule dans mes antichambres.

Ce fut ce jour-là et de cette manière que ce propos dont on a tant parlé et que je crois même avoir déjà rappelé, échappa à l'empereur. Il était violemment irrité, et, quand la mauvaise humeur le dominait, il ne savait pas ménager les termes. Dans d'autres circonstances, il faisait notre éloge, il nous défendait, il vantait nos formes, notre aménité devant ses anciens compagnons d'armes auxquels il reprochait leur grossière manière d'agir. Le maréchal Lefebvre qui, après le marécahl Bessières, était un de ceux qui nous détestaient le plus cordialement, lui répondit un jour à ce sujet d'un ton plus résolu que de coutume et un peu trop vif:

—Oui, Sire, leur politesse est telle, que si jamais ils vous mènent pendre, ce sera avec un cordon de soie.

La crudité de cette expression déplut beaucoup à l'empereur qui bouda le maréchal pendant quelques mois; celui-ci, ayant été informé de la cause de ce refroidissement :

— Tant pis pour lui, dit-il; il aura deux peines au lieu d'une : celle de se mettre en colère et celle de se calmer; il me connaît, il sait combien je l'aime; je m e..... du reste, et vogue la galère, mon garçon !

Cette altercation ne fit pas autrement de bruit, car on s'occupait peu du vieux maréchal; mais il n'en était pas de même à l'égard des dames de la cour; rien de ce qui les concernait ne nous échappait, et Dieu sait combien ces sortes de découvertes charmaient les loisirs du salon d'honneur.

Voici une anecdote curieuse et très-caractéristique sur les mœurs du temps. Comme elle est de la plus scrupuleuse exactitude, je me bornerai à donner la lettre initiale du nom de la dame qui en fut l'héroïne; je choisirais même une autre lettre si celle-ci ne s'appliquait à un assez grand nombre de noms pour dérouter ceux qui croiront pouvoir deviner l'énigme. Par la même raison, je ne la ferai connaître par aucune qualité distinctive.

Madame R.... ne faisait rien comme le reste

de la terre; son originalité se manifestait dans sa parure, dans ses habitudes, dans ses occupations, et jusque dans le choix de ses promenades. Ce n'était, ni aux Tuileries, ni au bois de Boulogne, ni à Mousseaux, ni au boulevart de Coblentz, qu'elle donnait la préférence; il lui fallait plus d'espace, des lieux plus écartés, plus sombres, plus solitaires, et, quand elle avait adopté un lieu de prédilection, elle y revenait tous les jours, à la même heure.

Alors, la partie du boulevart qui s'étend de la rue des Filles-du-Calvaire jusqu'à la rue d'Angoulême, était en faveur auprès d'elle. On l'y voyait tous les jours; elle y venait le matin, elle y revenait le soir.

Un jour, cédant à la fatigue d'une marche longue et rapide, elle s'assied sans cérémonie sur un de ces bancs qui suppléent pour le peuple et notamment pour les soldats et les bonnes d'enfans à la chaise aristocratique. A peine y est-elle assise qu'une espèce de masse tombe près d'elle. Machinalement elle jette un regard sur le voisin que le hasard vient de lui donner.

Elle voit un jeune homme d'une beauté surprenante, porteur de la plus heureuse physionomie; d'un seul coup d'œil, en femme qui s'y connaît, elle a remarqué l'ébène de ses cheveux, l'ivoire de ses dents, la couleur animée de ses joues et la richesse de sa taille. Aux yeux de madame R...., ces avantages compensent et au delà l'apparence d'une naïveté qui va jusqu'à la niaiserie, quelque chose de commun dans les allures, qui dénote un manque complet d'éducation, et un costume à l'avenant.

Le pauvre jeune homme était en effet si simple, si inexpérimenté, que, ne soupçonnant point l'effet d'un calcul de position dans la simplicité affectée du costume de sa voisine, il la prit pour une belle et bonne grisette.

Les gens du peuple ont en effet l'habitude de juger sur le costume; aussi, quand il nous prend la fantaisie de nous déguiser, sommes-nous assurés de nous faire accepter pour ce que nous voulons paraître.

Georges Chebel était le nom du jeune homme. Il fit donc ce que tout autre de sa classe aurait fait à sa place; il ne soupçonna point la grande dame sous la robe de Jouy, et se mit à entamer familièrement la conversation comme s'il eût été avec son égale.

Madame R... a constamment dit depuis, elle a même juré, peut-être afin de rendre la chose douteuse, que sa première pensée avait été de repousser la conversation; mais la destinée, cette fatalité impérieuse à laquelle aucun de nous ne peut se soustraire, avait été plus forte que sa volonté.

D'ailleurs, les premiers mots de Georges étaient tout-à-fait insignifians; il n'en fut pas de même des derniers, comme on le verra bientôt.

Georges était le type d'une espèce d'hommes, qui n'est pas aussi rare dans le peuple, qu'on le croit généralement. La nature ne s'était pas bornée à le combler d'avantages extérieurs; elle lui avait donné en outre, à défaut d'esprit, une belle ame; un sentiment ardent, mais comprimé; un caractère qui le portait à la mélancolie amoureuse, au mystère, à la discrétion même : qualités que, dit-on, les femmes préfèrent à toutes les autres. Il résulta donc de l'examen plus attentif que fit la comtesse de sa nouvelle connaissance, qu'elle lui répondit, que celui-ci répliqua, qu'enfin la conversation s'engagea, et que la grande dame écouta d'abord sans colère et bientôt non sans un secret plaisir les galans propos du jeune homme. Celui-ci lui ayant demandé son nom, elle répondit au hasard qu'elle s'appelait Rose Nabire. Cette imprudence commise, Rose Nabire ne put se fâcher, au contraire elle eut fort envie de rire, quand Georges Chebel, l'ayant invitée à se *rafraîchir*, lui proposa *une salade aux œufs durs*.

Figurez-vous la fière comtesse se voyant invitée à un pareil régal. Elle fut tentée de se lever et de partir à l'instant; mais un fatal regard tourné sur le beau Georges ramena sur ses yeux le voile près de tomber. Cependant Rose Nabire refusa en rougissant et se contenta de répondre qu'elle n'avait ni faim ni soif. Alors ce fut une autre proposition; il ne s'agit de rien moins que d'une promenade quasi-nocturne, hors de la barrière des Trois-Couronnes. Madame R.... refusa encore; mais, pour adoucir l'amertume de son refus, elle promit de revenir le lendemain au même endroit.

Madame R.... fit mentir le proverbe qui dit que la nuit porte conseil, si toutefois le proverbe entend que ce soit un bon conseil. Elle allait faire plus qu'une sottise, une de ces fautes qu'une femme ne répare jamais; car ici la différence est grande entre l'homme et la femme. Nous élevons à nous une femme que nous prenons à un étage inférieur, tandis qu'une femme descend au niveau de l'homme d'un rang abject, sans jamais l'élever au sien. Sur ce point le monde est inexorable; que ce soit, si l'on veut, un préjugé, encore est-il qu'une femme ne peut jamais le braver impunément. Presque toujours elle paie du bonheur de sa vie entière le caprice d'un moment.

C'est ce qui arriva à la comtesse R...., attachée à l'une des plus illustres familles de l'empire, tenant par ses alliances aux meilleures maisons de la monarchie, admise aux honneurs de la cour où sa beauté, son amabilité, ses manières, lui donnaient un rang distingué. Un caprice, une fantaisie momentanée la précipita dans un dédale de chagrins dont elle ne sortit plus.

Revenue auprès du jeune homme, elle écouta son amour et y répondit par le sien ; enivrée, aveuglée, abasourdie, elle ne raisonna, ne vit, n'entendit plus. Se livrant sans frein au débordement de sa passion, elle laissa prendre sur elle, au charron Georges, une autorité qu'un roi et un ministre influent briguaient inutilement. Tels étaient en effet les rivaux éconduits de l'heureux enfant du faubourg. Ainsi va le monde !

Un lundi matin, la comtesse, accompagnée du simple ouvrier, se trouvait à la barrière des Amandiers, chez un obscur traiteur, attablée en face d'une gibelotte de lapin, d'une moitié de volaille, d'une salade, et d'une bouteille de gros vin. Ce n'était pas, on le croira sans peine, le talent du gargotier qui avait attiré la femme de cour ; abandonnée au sentiment qui la dominait, son inaction contrastait avec l'appétit robuste et dévorant de Georges.

Cette scène eut un témoin. Les deux couverts

étaient mis dans un cabinet particulier dont les ais mal joints laissaient aux curieux et aux passans toute facilité de voir ce qui s'y passait, et plus d'une grossière plaisanterie, en termes d'argot, vint frapper les oreilles des convives, et fit monter la rougeur au front de la comtesse qui, quoique ne comprenant pas les paroles, n'en devinait que trop bien le sens.

Le hasard, le démon, que sais-je en vérité, car je n'ose dire la Providence pour n'en pas profaner le nom; la fortune si l'on veut, amena là un valet de pied du prince de Bénévent; cet homme avait vu mille fois la comtesse, l'avait servie à table et avait admiré ses charmes, sans se douter qu'il la regarderait jamais d'aussi près et autrement qu'avec un profond respect.

Sa surprise était si grande, que d'abord il ne put en croire ses yeux; il alla, vint, revint un nombre infini de fois, regarda à plusieurs reprises, vit ce qu'à coup sûr il ne croyait voir jamais; enfin, il acquit la certitude que c'était bien la comtesse qui, sous des habits d'emprunt, avec un nom supposé, *se popularisait*, je ne trouve pas de meilleure expression.

Le valet de pied de M. de Talleyrand était aussi en bonne fortune, mais sous le régime de l'égalité. Il se donna bien de garde de faire part à sa compagne accidentelle de l'importante découverte qu'il venait de faire, comprenant tout le parti qu'il en pourrait tirer.

Une semaine environ s'écoula; au bout de ce temps, le cocher habituel de madame R...., prétextant des affaires de famille dans son pays, demanda un congé de trois mois, et fit agréer à sa place par le comte et la comtesse, un grand garçon à la mine avenante, bien découplé, ayant même l'air assez distingué et toutes les allures d'un de ces valets de comédie, qui ne trouvent point de Marton ni de Lisette cruelles, et s'élèvent même parfois un peu plus haut.

Le nom du remplaçant était Louis. Aussitôt que celui-ci fut installé, non seulement les chevaux furent soignés comme par un palfrenier anglais, mais il se mit à tout dans la maison, surtout à ce qui concernait le service particulier de sa maîtresse. Il épia ses moindres volontés, prévint ses moindres désirs, et fit si bien, qu'il finit par s'en faire remarquer; la comtesse le trouva très-bien, mais sans qu'il en résultât rien de ce qu'il avait l'audace d'espérer.

Cependant, tout cela se passait sans bruit, rien ne troublait les amours de madame R.... et de Georges Chebel; d'un autre côté, le duc d'Otrante, irrité sans doute par les refus qu'on lui opposait, devenait de plus en plus épris; il se piqua au vif, et, supposant quelque amant caché, mit en campagne les chevaliers les plus adroits de sa ténébreuse armée. Voici comment raisonnait Fouché : Cette année, le comte de M... est avec la d'A....; le duc de D.... est disgracié; le roi de Naples soupire en vain, et pourtant je ne vois auprès d'elle ni aide-de-camp de Berthier, ni colonel de cavalerie, ni auditeur au conseil d'État; donc il y a quelqu'un qui m'échappe; il ne m'échappera pas long-temps.

Après ce raisonnement honnête, le duc d'Otrante fit appeler M. Desmarets, son premier lieutenant, et ils se mirent à examiner la liste des *mouches* en livrée, avec leurs noms et qualités. Les yeux de Fouché s'arrêtent sur le nom de Louis, cocher provisoire de madame de R... Voilà ce qu'il faut au ministre; il saura tout ce qu'il veut savoir; en conséquence, Louis est mandé chez Fouché qui lui donne un peu d'or et lui en promet davantage s'il suit avec zèle et intelligence les instructions qu'il va recevoir. Il s'agit tout simplement d'épier jusqu'aux moindres démarches de madame R...., de surprendre ses secrets, de rendre compte de tout au ministre, et de lui livrer, s'il se peut, la comtesse elle-même.

Louis s'engage à faire de son mieux; toutefois il ne répond de rien, car la chose est difficile, sinon impossible; cependant, pour satisfaire Monseigneur, que ne fera-t-il pas?

Quelques jours après, la comtesse, toujours sous l'empire de sa folle passion, se rendait à pied dans une de ces petites rues sales et étroites, situées entre les rues du Caire, Bourbon-Villeneuve et Saint-Denis. Là, était une chambre modestement meublée, où les deux amans se donnaient leurs rendez-vous.

Madame R.... entrait dans la rue Neuve-Saint-Eustache, lorsqu'une personne, qui venait derrière elle précipitamment, l'arrêta en disant:

— O Madame, pardon, mais il faut que je vous parle.

Troublée, elle se retourne, reconnaît son cocher, et sa vue la rassure. — C'est vous, Louis; qu'est-ce? vous êtes sans livrée? vous paraissez ému?

— Écoutez-moi, dit-il, et attentivement; continuez à marcher, souffrez que je vous suive, et songez que vous êtes perdue si vous ne consentez pas à m'entendre jusqu'au bout.

Ce début promettait; mais comme la dame était à mille lieues de la réalité, elle voulut d'abord se plaindre, et parla d'un ton impératif; mais Louis, sans se déconcerter le moins du monde:

— Si ce n'est pour vous, que du moins ce soit pour Georges, dit-il.

Ce nom, inopinément prononcé, frappa la comtesse comme d'un coup de foudre; elle resta anéantie.

L'audacieux cocher poursuivit ainsi :

— Je sais où vous allez : c'est chez un ouvrier dont vous êtes la maîtresse; vous courez avec lui les guinguettes et commettez des imprudences qui vous perdront ; d'une autre part, le ministre de la police vous aime, il m'a chargé de vous surveiller, il compte en outre que je vous livrerai à ses désirs; certes il se trompe : j'ai des yeux aussi, comme lui j'ai un cœur; je vous adore, Madame, vous avez pu le deviner à la manière dont je fais mon service et même celui d'autrui auprès de votre personne; mais il me faut du retour, et je me flatte que vous ne serez pas plus cruelle pour moi que vous ne l'êtes pour Georges. Maintenant, si, par une fierté mal entendue, vous me rebutez, je conterai à votre mari tout ce qui se passe, et je me servirai du ministre de la police pour faire le malheur de l'ouvrier, votre amant.

A mesure que ce misérable parlait, à mesure

qu'il déroulait ce tissu de scélératesse, madame R...., de plus en plus accablée, sentait ses forces l'abandonner en même temps que son courage moral; elle vacillait dans sa marche; on aurait dit d'une femme ivre; enfin, elle allait trébucher et tomber dans la rue, lorsque l'infâme Louis la fit entrer dans le café du passage du Caire, et la contraignit à boire un verre de liqueur mélangée avec de l'eau. Puis, reprenant la parole, il la rassura, alla même jusqu'à une sorte de galanterie digne de lui, ne rabattit rien de ses prétentions, et accorda seulement une heure à la dame pour réfléchir et céder. Je vais, ajouta-t-il, vous accompagner chez votre amant, vous monterez, j'y consens, je vous attendrai à la sortie, et songez que je veux être assuré de vous avant de me rendre à l'hôtel.

Voulant avant tout se débarrasser de cet homme odieux, la comtesse accéda à tout sans savoir ce qu'elle faisait. Elle pensait à se donner la mort, afin d'échapper à une telle souillure. Cependant, pleine de confiance en Georges, une voix secrète lui disait que ce bon jeune homme serait son libérateur.

Elle arrive auprès de lui, se précipite dans ses bras tout éplorée, ne peut d'abord parler, tant les sanglots lui coupent la parole; mais enfin, songeant aux délais que Louis lui a donnés, elle s'explique et apprend au jeune ouvrier le danger qui la menace. Georges l'écoute avec la plus vive attention, sans s'émouvoir; son calme est ou sublime ou le résultat d'une affreuse insensibilité. Quand la comtesse a fini de parler, au moment où elle se dispose à le consulter sur ce qu'il faut faire, lui l'embrasse, la serre sur son cœur, court à la fenêtre, regarde au travers, et voit se promenant dans la rue le laquais que sa maîtresse lui signale parmi les passans; alors, sans dire un seul mot, il s'élance précipitamment hors de la chambre.

En deux sauts, Georges est dans la rue; il compose son visage, on n'y lira rien de sinistre. Il aborde le vil espion, et d'une voix calme il lui dit :

— Monsieur, la personne qui est chez moi désire vous parler; elle est prudente, je serai discret; nous sommes sous votre dépendance, et nous nous soumettons.

Chacun de ces mots chatouille délicieusement l'ame de Louis; il est sûr de son triomphe; persuadé de la terreur qu'inspire aux classes inférieures la qualité d'agent de police, il ne doute pas d'avoir dompté le faubourien, et n'hésite point à le suivre..... Mais à peine s'est-il engagé dans la longue et noire allée de la maison, que, frappé au cœur de deux coups de couteau appliqués d'une main vigoureuse, il tombe raide mort, ayant à peine poussé un faible cri, étouffé dans le sang qui s'échappe de sa blessure.

Georges, sans perdre de temps, retourne auprès de la comtesse, lui dit ce qu'il a fait, l'emporte éperdue dans ses bras de fer, lui fait franchir le cadavre, et la dépose hors de la maison. Elle marche au hasard dans un délire complet et traverse le passage Aubert, rencontre un fiacre vide, l'appelle, s'en empare; et, au moment où elle va donner l'ordre de la conduire à son hôtel, une autre idée se présente à son esprit : au ministère de la police, dit-elle, et la voilà sur la route du quai Malaquais.

Georges aurait dû ne pas rester dans sa chambre; il agit différemment, il y revint tranquille, s'y enferma, et se mit à travailler pour son compte à de petits ouvrages, comme cela lui arrivait souvent. La première personne qui entra dans la maison, voyant un cadavre baigné dans le sang, jeta des cris; on accourut; un meurtre venait d'être commis; on appela la garde. Les gendarmes arrivent les premiers; la maison est cernée, on cherche l'assassin. Georges est là parmi les curieux; aucune trace de sang sur ses vêtemens ne dépose contre lui; il a eu la précaution de laisser le couteau dans la seconde blessure; et, comme ce couteau est depuis plusieurs années en sa possession, il ne craint point que l'on découvre le coutelier qui le lui a vendu. Cependant, le commissaire de police, par mesure de prudence, procède à l'arrestation de tous les habitans de la maison; Georges est du nombre.

Le même soir, un ordre émané de la police

rend la liberté à tous ceux que l'on avait arrêtés. Une nuit profonde voilà le crime et surtout ce qui en avait été la cause.

Cependant madame R.... était arrivée chez le ministre. De la loge du suisse elle lui avait fait remettre un mot écrit à la hâte, pour lui demander immédiatement un moment d'audience. Heureux et surpris, le duc d'Otrante va lui-même au devant de la comtesse et lui offre galamment son bras pour la conduire dans son cabinet. Quand il eut fait asseoir la comtesse, il fallut que celle-ci fît le récit de l'enchaînement de circonstances fatales qui lui faisaient implorer la protection de Fouché; aussi sa confession fut-elle complète, et le ministre sut tout ce que le lecteur sait déjà. Cependant elle voile un peu la vérité en ce qui concerne l'action de Georges; il n'a fait que la défendre contre les entreprises d'un misérable; si d'ailleurs Georges est traduit devant la justice, elle y paraîtra elle-même au risque de se perdre avec lui si elle ne peut le sauver; si, au contraire, on laisse inaperçue la mort d'un scélérat, elle s'engage à ne plus revoir Georges, et sa reconnaissance sera sans bornes pour le protecteur qui l'aura sauvée.

Fouché savait mieux que qui que ce fût combien il importe peu à la société de venger la mort d'un homme de l'espèce de Louis; il donna ses ordres, et le cadavre fut porté en terre. Quant au beau Georges, on lui fit aisément comprendre que son salut exigeait qu'il s'engageât dans un régiment; c'est ce qu'il fit, et, s'étant distingué dans plusieurs circonstances, il obtint un avancement si rapide, qu'en 1814 il était officier supérieur. Du reste, je ne sais pas ce qu'il est devenu depuis.

Cette histoire fut d'abord ignorée; mais la liaison soudaine de la comtesse avec le duc d'Otrante ayant étonné beaucoup de monde, chacun fit des perquisitions; la comtesse même commit quelques indiscrétions. Enfin, lors de la disgrace de Fouché, un familier du duc de Rovigo raconta l'anecdote, dont, en 1814, M. d'André trouva le récit circonstancié dans les cartons du ministère de la police générale.

Voici maintenant une autre aventure dans laquelle un financier joua un rôle passablement ridicule. Les financiers, comme l'on sait, sont presque tous atteints de la manie, partout où il y a une cour, d'y faire figurer leur opulence. La plupart du temps, ils y éprouvent de cruels déboires; on s'y moque d'eux, à dire d'expert, et cela ne corrige jamais leurs successeurs. Un homme excellent, que nous avons tous aimé, que l'empereur estimait fort, et qu'il avait fait trésorier-général de sa couronne et comte de l'empire, M. Estève fut, dit-on, atteint de cette manie; j'ai ouï attribuer la folie dont il fut frappé quelque temps avant sa mort au chagrin que lui aurait causé le refus de l'empereur de le créer duc. Je crois plutôt que la prétention d'être duc, s'il l'eut réellement, fut le premier symptôme et non la cause de la cruelle maladie qui l'enleva à sa famille et à ses amis.

Au surplus, ce n'est point de M. Estève qu'il s'agit ici, mais bien d'une aventure à laquelle ne fut pas étrangère la vacance momentanée de la place qu'il avait occupée.

Parmi les Mondors qui aspiraient aux dignités de la cour impériale, on remarquait au premier rang le banquier P....., bon homme au fond, mais d'une vanité qui allait jusqu'à la sottise; il affectait d'avoir des principes démocratiques, tout en se mourant d'envie de prendre racine à la cour. A force de se frotter à des gens de qualité, il avait fini par se croire lui-même gentilhomme de vieille race, et n'aspirait à rien moins qu'à une charge dans la maison de l'empereur. Il s'en ouvrit au maréchal de R....., véritable panier percé, comme nous disions autrefois, et qui ne dédaignait point les banquiers complaisans. — Mon cher, dit-il à celui dont il est ici question, je suis sûr que l'empereur verra avec plaisir à sa cour un homme de votre importance; je lui en parlerai, et je ne doute pas que, d'ici à quelques jours, je n'aie à vous rapporter une réponse favorable.

A quelque temps de là, le maréchal, ayant rencontré M. P...., lui dit: — Vraiment je joue de malheur pour vous et pour moi; je n'ai encore pu obtenir de l'empereur l'audience dont vous serez l'objet, et j'éprouve, dans le paiement de mes dotations, un retard qui me gêne cruellement.

Le banquier a d'abord l'air de ne pas entendre ; il témoigne ses regrets sans affectation sur ce qui le concerne, s'éloigne un moment, revient tenant un portefeuille renfermant trente mille francs en billets de banque et l'offre au maréchal *en attendant* ses rentrées; grands remercîmens; le maréchal rendra la somme dans un bref délai; mais comme en effet il ne voulait rien restituer, il parla sérieusement à Napoléon de l'obligeant banquier. Napoléon lui rit au nez et lui enjoignit de ne plus jamais lui parler de cette affaire-là.

Cependant le solliciteur était un homme tenace; il fait à son protecteur vingt visites par semaine, et, comme celui-ci lui doit trente mille francs, il ne craint pas d'être importun. Le maréchal s'acquitte en belles paroles, rend même des visites au banquier, et il trouve là une femme charmante. Madame P... était en effet une des femmes les plus accomplies de Paris;

jeunesse, esprit, fraîcheur, tournure, beauté, rien ne lui manquait. Voilà donc le maréchal qui se fait l'ami de la maison, mais en pure perte, du moins auprès de madame; la place était imprenable parce qu'elle était prise. Le maréchal alors a recours à une ruse de guerre, un peu extravagante, un peu hardie; mais enfin il s'y attache et elle lui réussira. Il a remarqué que les beaux yeux qui le regardent avec indifférence se tournent avec une ineffable bonté sur le général F..... S..... Le plan du duc de R..... est arrêté.

—Mon ami, dit-il un jour au banquier, vous avez réussi, l'empereur vous nomme trésorier-général de la couronne à la place du comte Estève dont la folie augmente chaque jour.

—Ah! mon cher maréchal, souffrez que je vous embrasse, vous m'avez rendu et vous voyez en moi le plus heureux des hommes.... Je vais commander mon costume... le manteau n'est-il pas feuille morte, brodé d'argent... et le serment, à quelle époque le prêterai-je?

Le maréchal, voyant cette joie et en craignant

les suites :—Un moment, dit-il, contenez-vous...
il faut du calme, de la modération; vous êtes
trésorier-général, sans doute, mais à une condition...

—A une condition... laquelle, je vous prie?
que je la connaisse, je la remplirai.

—En vérité, elle est si étrange, si cruelle.....
mon cher ami, jamais je n'aurai le courage de
vous la dire.

— Dites, dites toujours, qu'est-ce que cela
peut être? trésorier-général! cela efface tout....
mais quelle est donc cette condition si cruelle?

—C'est, voyez-vous, que l'on ne vous donne
pas la place: vous la remplirez néanmoins, l'empereur en gratifie votre femme... il en parle avec
un enthousiasme...

— Je vous comprends... diable, c'est fâcheux!..
je ne veux plus être trésorier de la couronne,
ne m'en parlez plus... Le costume en est pourtant
superbe, n'est-ce pas?

—Oh! magnifique, et il vous irait à ravir.

— C'est vrai, maréchal; mais l'empereur met ses graces à un prix...

— Je pense que si vous acceptiez, les faveurs souveraines iraient plus loin, et le grand cordon de la Légion-d'Honneur ne se ferait pas attendre long-temps.

— Le grand cordon de la Légion-d'Honneur, maréchal!

— Oui, le grand cordon, sans compter les marques d'estime qui vous seraient données en présence de la cour. M. P..., vous avez du cœur, des sentimens, vous êtes philosophe. D'ailleurs, songez à la grandeur du personnage; comptez le nombre des maris sages qui n'ont rien vu. Ils étaient gens de bon sens; faites comme eux, on sera jaloux de vous.

Le banquier était à demi rendu; le maréchal, le devinant, ajouta : — Mais je dois vous dire que l'empereur voit d'un œil jaloux le général S.... F.... rôder autour de votre femme?

— Oh! cela me déplaît aussi; je le prierai de rester chez lui.

— Vous ferez bien ; agissez de vous-même ; qu'on ne soupçonne rien ; l'empereur aime le secret.

Cela lancé, le maréchal se lève et part ; M. P....., sans perdre de temps, entre chez sa femme, parle sans préambule du général, déclare que ses visites lui déplaisent, à lui maître de la maison et en outre à un ami véritable, à un père...., à Napoléon enfin.

— A l'empereur, Monsieur ! répète la dame déjà hors d'elle-même.

— Oui, Madame, à l'empereur ; est-ce ma faute si vous avez fixé l'attention de Sa Majesté impériale ?

La dame ne valait pas mieux au fond que son mari ; ces paroles ne tombèrent pas à terre. Sa tête travaille, mille projets d'ambition y germent, et, comme la franchise est une belle chose, on a l'excellent procédé de dire ce qui se passe au général F... S.... Celui-ci, rempli de respect pour son auguste maître, ne reste pas en arrière du dévoûment, et aussitôt il se retire de chez madame P...., et s'arrange de façon à rendre la rupture éclatante.

Sur ces entrefaites, le banquier confie à sa femme que le maréchal a reçu la mission de confiance de la faire présenter à la cour; à cette cour, objet de sa constante envie, et que, jusque-là, elle n'avait pu voir qu'en la regardant passer les jours de fête.

La mission confiée au maréchal change ses dispositions à l'égard de l'illustre guerrier; bref, pour se le rendre favorable, elle le donne pour successeur au général F... S...; mais à peine a-t-il joui quelque temps de sa bonne fortune, qu'un ordre de l'Empereur lui enjoint de se rendre en Espagne; il part, laissant à la fortune le soin de dénouer des intrigues si bien embrouillées.

L'affaire n'en resta pas là. M. P...., que déconcerte le départ précipité du maréchal, son ami, et impatient de voir la fin de l'aventure, imagina de tenter un grand coup et d'arriver usqu'à l'empereur, au moyen d'une audience qu'il fait solliciter par le grand maréchal du palais; elle fut accordée après beaucoup d'hésitation; et voilà le banquier dans le cabinet de Sa Majesté.

— Que voulez-vous, Monsieur? dit Napoléon avec sa gravité ordinaire?

— Sire, je viens rappeler à Votre Majesté la requête que M. le maréchal duc de R... lui a présentée en mon nom.

— Vous voulez un emploi à ma cour? cela ne se peut, il n'y en a point de vacant.

— Votre Majesté impériale et royale m'a cependant fait espérer la charge de trésorier-général de sa couronne.

— Elle n'est point vacante; je suis satisfait du titulaire.

— Ah! Sire, ma femme sera au désespoir de la perte de nos espérances.

— J'en suis fâché.

— Elle a tant de respect pour l'empereur.

— J'en suis fort reconnaissant.

— Et, puisqu'il faut vous l'avouer, elle l'aime à un tel point.....

— M. P...., dit Napoléon, tant que je règnerai, les places, les charges, les emplois, ne seront pas le prix de ce que vous me faites entendre; vous êtes bien hardi!....

— Ah! Sire, le maréchal m'avait dit....

— Quoi? parlez, s'il vous plaît..... parlez, Monsieur......

Le ton de l'empereur, son regard de feu intimidèrent le pauvre mari qui se troubla, et néanmoins balbutia ce que l'on sait déjà.

— Allez, allez, Monsieur, lui répondit Napoléon, allez demander au maréchal la place de trésorier de son épargne; puis il lui tourna le dos.

Qu'on juge de la honte et de la colère de M. P...., il retourne chez lui à moitié mort, fait à sa femme une scène horrible; elle l'écoute paisiblement, et, lorsqu'il eut fini: — Je vous conseille de vous plaindre! vous avez voulu me vendre au maître, je me suis donnée au valet, lequel de nous deux est le plus coupable; ne faites pas de bruit, car si vous me poussez à bout, j'écrirai au maréchal qui enverra un de ses aides de camp pour le remplacer et pour vous couper les oreilles.

Depuis lors, il n'y eut pas dans Paris un meilleur ménage.

Quelque temps après, l'empereur dit au général F... S....: — Je vous remercie, vous fuyez à mon nom, c'est une marque de respect qui me charme, et dont, à votre place, je n'aurais pas été capable.

— C'est que vous n'avez pas été fait, Sire, pour devenir jamais mon sujet.

— Vous avez raison, général; Dieu, de toute éternité, nous destina, moi à vous commander, vous à faire ce que vous faites.

La réplique enchanta le général; sa joie indigna l'empereur qui ne s'en est point caché. Hé bien, malgré cela, quelque temps après, une place importante étant venue à vaquer, malgré les titres, les droits, les puissantes recommandations de ceux qui la postulaient, Napoléon la donna au comte F.... S.... qui n'y avait aucun titre, et qu'aucune protection n'appuyait.

Il est rare qu'à la cour on ne recueille pas tôt ou tard le prix d'une bassesse.

CHAPITRE XIII.

Le pape, mécontent, avait regagné Rome. Napoléon, glorieux du diadème impérial qu'il avait posé sur sa tête, voulut y joindre la couronne de fer déposée à Monza. On croyait qu'il rétablirait l'ancienne dénomination de royaume des Lombards ; il préféra, je ne sais pourquoi, celle de royaume d'Italie.

Joséphine espérait être couronnée reine ; son espoir fut déçu cette seconde fois comme la première ; soit que Napoléon ne voulût pas compliquer la cérémonie, soit que déjà des pensées de divorce eussent germé dans son esprit; je pencherais pour cette dernière conjecture, d'autant plus que je sais pertinemment que des propositions d'autre mariage lui furent faites pendant son séjour en Italie. Je peux en parler savamment, ayant été choisi pour négociateur dans cette affaire, ainsi que je vais le raconter.

Il existait de par le monde un certain chevalier de Cornn, ancien page de Louis XVI, né en Rouergue, au bourg de Saint-Céré, si je me le rappelle bien, chevalier de Malte, officier de cavalerie et d'une très-ancienne noblesse. Comme la plupart des gentilshommes émigrés, il avait couru le monde où il avait eu une foule d'aventures. C'était dans toute l'étendue du terme ce que les femmes appelaient autrefois un joli cavalier, sans instruction, sans esprit, mais doué d'agrémens extérieurs, ayant la taille bien prise, la figure agréable et ne manquant pas de ce jargon de bonne compagnie, qui plaît à tout le monde et voile si merveilleusement les vices du fond. Gai, gracieux, gascon au superlatif, le chevalier de Cornn avait séduit une nièce, d'autres disent une fille naturelle du fameux lord, évêque de Bristol, si connu par ses voyages sur le continent, par ses dépenses, son avarice et ses liaisons avec la comtesse de Lichtenau, maîtresse du roi de Prusse, Frédéric Guillaume, successeur de Frédéric-le-Grand, et avec lady Hamilton, femme de l'ambassadeur de la cour d'Angleterre auprès de celle de Naples, et maîtresse de l'illustre Nelson.

Galant et impie, l'évêque de Bristol disait : *Je crois à tout ce qu'on peut croire, excepté en Dieu.* Il menait avec lui, dans ses voyages, cette nièce qui s'amouracha du chevalier de Cornn ; Un mariage devint nécessaire ; et, sans renoncer à porter la croix de Malte, le soldat de la foi devint le mari d'une hérétique anglicane.

Le crédit du lord de Bristol fit parvenir son neveu ou gendre au grade de colonel, puis de maréchal-de-camp auprès de la reine d'Étrurie, Marie-Louise, infante d'Espagne (1).

---

[1] Elle est née à Madrid le 6 juillet 1782, et fut mariée le 5 août 1795, au prince héréditaire de Parme également

J'avais donc fait partie du détachement de la maison de l'empereur, qui l'avait accompagné à Milan. La veille du couronnement, mon valet de chambre me remit un billet ainsi conçu :

« Un voyageur, un émigré, moitié français, moitié toscan, votre ancien ami, qui vous aime encore, arrive de Florence. Il aurait à vous parler, si un secret de la plus haute importance ne vous paraît pas un fardeau trop lourd à porter. Il s'agit de choses trop graves pour qu'on puisse vous en dire davantage.

« Réponse prompte; je vous attends à mon auberge.

« LE CHEVALIER DE CORNN. »

infant d'Espagne et devenu roi d'Étrurie en 1801 ; ce pauvre prince mourut le 27 mai 1803, laissant un fils et une fille ; Charles Louis II, infant, né le 22 décembre 1799, et proclamé roi le jour du décès de son père. Après de nombreuses vicissitudes, il règne aujourd'hui à Lucques avec l'expectative de rentrer dans la possession des duchés réunis de Parme et de Plaisance à la mort de Marie-Louise.

Curieux de savoir ce que me voulait le chevalier que j'avais perdu de vue depuis 1789, je répondis verbalement que je reverrais avec plaisir un ancien camarade; et, dix minutes après, nous nous embrassions, de Cornn et moi. Il avait encore fort bonne mine, quoique un peu usé; mais il avait tant vécu !

— Hé bien! me dit-il, vous êtes en belle passe de fortune.

— Eh! mais, comme vous.

— Oui; comparez : vous êtes auprès du soleil, et moi dans le voisinage d'une bien petite étoile... Peut-être, ajouta-t-il en prenant un air de mystère, qu'il dépendrait de nous d'élever cette étoile à la hauteur de votre astre.

— C'est-à-dire, répliquai-je, qu'il vous conviendrait de marier notre empereur avec votre reine.

— Ce ne serait un mauvais mariage pour aucune des deux parties; l'empereur ne peut trouver plus de noblesse, un meilleur caractère. Il sera certain de la fécondité de sa femme. Sa

Majesté a fait ses preuves, et je vous assure qu'elle est fort agréable. De son côté, quel mari pourrait-elle préférer au grand Napoléon? y a-t-il un plus beau trône où elle pût monter? Elle est jeune — vingt-trois ans. — Voulez-vous entreprendre de faire réussir cette affaire?

— Mon Dieu! dis-je, si je la voyais faisable; mais je crains... tous les Beauharnais, d'abord, et l'excellente Joséphine, puis les susceptibilités de l'empereur; il lui est revenu, je crois, certains bruits de galanterie royale...

— Abominables mensonges!

— A merveille; maintenant qui répondra de vous?... Mon cher chevalier, ne vous fâchez pas, mais franchement je vous dirai que, pour une pareille mission.....

— J'ai mes passeports, mes instructions, mes lettres de créance; en un mot, je puis agir incognito, ou déployer un caractère public.

— Ah! si cela pouvait vous en donner un particulier.

— Allons, pas de plaisanteries; j'ai cru vous

offrir une belle occasion pour vous pousser; si vous ne le voulez pas, dites-le; j'en rencontrerai qui seront charmés de profiter de vos refus.

Voyant le chevalier un peu piqué, je pris un autre tour, et il revint promptement. Alors il me conta que la reine d'Étrurie l'avait fait appeler en particulier; que, dans leur entretien, après lui avoir recommandé le plus grand secret, elle lui aurait dit : « Je suis veuve, fo plaindre, mal obéie; j'admire l'empereur, je le regarde comme le modèle des souverains. Il me serait agréable de devenir sa femme; ma main, je crois, peut être acceptée. En m'épousant il s'allierait à toutes les races royales; et mon fils, à défaut d'autres enfans, s'il était adopté par lui, serait reconnu sans peine et même avec plaisir par les cabinets étrangers. »

Tout cela ne me paraissait pas ridicule; je me déterminai à sauter le fossé, c'est-à-dire à me charger de la négociation. Ce qui me déplaisait làdedans, c'était de voir le haut rôle joué par le chevalier *de Cornn*. Non seulement l'étoffe manquait d'ampleur; mais je connaissais à l'empereur une profonde aversion pour toute négociation entamée par un Français, dans l'intérêt d'une puissance étrangère.

Je le dis franchement au chevalier qui me répondit, avec non moins de sincérité, que la reine lui ayant accordé cette marque de confiance, il ferait tout au monde pour la mériter; que d'ailleurs Napoléon devait avoir la certitude qu'il se conduirait de la manière qui lui serait le plus agréable. Je lui promis alors que je tâcherais, dès le soir même, d'obtenir au coucher une audience de Sa Majesté, et que je lui donnerais promptement avis du résultat de mes tentatives.

Le chevalier s'en retourna à son auberge; je m'habillai en costume de cour et j'allai rôder au palais, inquiet, troublé, me voyant en pleine disgrace si j'échouais, si surtout Joséphine ou ses proches avaient le moindre vent de l'intrigue dans laquelle je me jetais.

Napoléon avait des yeux uniques; il voyait tout; n'allait-il pas s'apercevoir que je n'étais pas dans mon assiette ordinaire, que quelque chose m'agitait; il passa près de moi, me jeta un regard investigateur et me dit : — Qu'est-ce ?

Je saisis la balle avec autant de vivacité, et, la rendant, comme elle m'était envoyée : — Une audience, et le plus tôt qu'il se pourra.

— Suivez-moi.

J'aurais voulu être à cent pieds sous terre, tant je fus saisi d'épouvante en voyant le moment décisif approcher. Une multitude d'Italiens, d'Italiennes, de Français, d'Allemands et de dix autres nations, personnages de haut rang et superbement vêtus, remplissaient les salles nombreuses et magnifiques du palais; mais les regards se réunissaient sur un seul point, sur l'empereur, qu'on suivait des yeux sans les détourner jamais. La foule des grands officiers de sa maison augmentait encore la difficulté de l'approcher, de lui parler, sans éveiller aussitôt l'active jalousie et l'inquiétude de tant d'ambitions.

Je le suivais de loin; il allait çà et là, parlant à l'un, parlant à l'autre, préférant les hommes remarquables par leur mérite à ceux qui leur rang seul rendait considérables; c'étaient Melzi, créé plus tard duc de Lodi; Dandolo Cicognario, Marescalchi, Aldini, Sommariva et autres; il s'arrêta pendant plusieurs minutes avec le prince Appioni et le marquis Cugnola, architecte célèbre.

Enfin il gagna une fenêtre et se tint au balcon; je m'approchai, il me fit signe d'avancer encore plus près.... Soudain tous les courtisans se reculèrent; mais que leurs oreilles et leurs yeux tentèrent de suppléer à cet éloignement!

Alors, il me dit : — Que savez-vous ?

— C'est un cas particulier, point dangereux, important néanmoins, et qu'il faut développer.

— Dans ce cas, restez à la fête, je vous enverrai chercher; vous suivrez la personne qui vous dira : *Demain sera une belle journée.*

— Sire, répondis-je rapidement, que cette personne n'appartienne pas à la famille de S. M. l'impératrice.

Je ne saurais peindre l'expression de surprise

qui erra sur sa physionomie, mais ce fut un éclair, et il s'éloigna... Dix amis m'environnèrent, vingt se mirent à me serrer la main, tous mourant du désir de m'adresser la question : *Que vous disait l'empereur?* et tous trop habiles courtisans pour se permettre une indiscrétion pareille; je reçus ces félicitations *sincères* et *amicales* comme je le devais; je me remis à parcourir les salons, causant tantôt avec une dame tantôt avec une autre; leur accueil eut quelque chose de si gracieux, que je ne m'en attribuai pas tout l'honneur.

En me quittant, l'empereur accosta le prince Néri Corsini et le chevalier Fossombroni, tous deux envoyés de la reine d'Étrurie, auprès de sa personne. J'eus envie de rire en songeant au rôle que ne tarderaient pas à jouer ces deux personnages, lorsqu'un étourneau de Français, sans talent, sans consistance, serait peut-être appelé à traiter du mariage de leur souveraine, tandis qu'ils ignoraient complètement ce grand projet diplomatique.

Je pris peu de plaisir à la fête, bien qu'elle fût

brillante. L'empereur et l'impératrice rentrèrent à minuit dans leurs appartemens; je me tins prêt à obéir aux ordres de Napoléon aussitôt qu'ils me seraient transmis. J'attendais encore lorsque, vers une heure du matin, je vis rôder autour de moi le comte de Beausset, préfet du palais; celui-ci, après une question insignifiante, me dit finement : *Demain sera une belle journée.*

— Pour l'Italie principalement, répliquai-je, car elle lui ouvrira un avenir heureux.

Je suivis le comte. Après avoir traversé nombre de pièces qui m'étaient inconnues, nous arrivâmes à une porte secrète du cabinet de l'empereur. Roustan était là en sentinelle; il échangea un mot de passe avec mon conducteur, souleva une portière, me poussa presque et me mit en présence de Napoléon.

— Savez-vous, me dit celui-ci, qu'à votre mine effarée de tantôt, je vous ai cru initié dans le secret de quelque grande conspiration? vos derniers mots me font présumer qu'il s'agit de mariage, hein?...

Lorsque je me vis ainsi dépisté par l'empereur je faillis tomber de mon haut.

Il continua : —Dépêchez-vous de me conter ce qu'on vous a dit...

—Sire, répondis-je, le devoir d'une part et de l'autre l'attachement que je porte à Sa Majesté l'impératrice...

—Monsieur, le devoir avant tout.

Ce mot me rassura; moins embarrassé, je lui rapportai, sans en rien omettre, ce que je savais du chevalier de Cornn; lorsque j'eus fini, Napoléon parut méditer un moment; ensuite il me dit:—Monsieur, c'est une chose toujours cruelle quand les intérêts de la politique ne sont pas d'accord avec nos plus chères affections de famille. J'ignore l'avenir et quel sacrifice la France pourra un jour exiger de moi. Je ne veux pas qu'on cherche à deviner ma pensée. Je ne songe nullement à rompre les nœuds qui m'attachent à l'impératrice. Je vois avec plaisir votre dévoûment à sa personne; cependant je vous sais gré de votre confidence. Je dois tout savoir. Dans une autre circonstance je pourrais peser les avantages d'une alliance avec la maison d'Espagne ; mais, dans aucun cas, dût-on m'accuser d'avoir des sentimens bourgeois, je n'accepterais la main de la reine d'Étrurie. Si une nécessité impérieuse me contraignait jamais à un autre mariage, je veux une femme pure, vierge de cœur et de corps. Vous entendez bien que ceci n'est qu'une supposition ; le seul motif de mon refus est mon attachement à l'impératrice. Je lui dois dix années de bonheur. C'est sur ce seul motif qu'il faut baser mon refus. Vous me comprenez ?

Enhardi par la confidence de l'empereur, je me permis de lui faire respectueusement observer que si un de ses frères....

— Non, Monsieur, interrompit l'empereur qui m'avait compris à demi-mot. Ce mariage ne saurait convenir à aucun de mes frères. Joseph et Louis sont à coup sûr bien mariés... Lucien !... je n'ai rien à en dire. Jérôme !... sur celui-là... j'ai d'autres vues.... et puis d'ailleurs, une alliance avec la maison de Bourbon !... cela n'irait pas tout seul... il y aurait des criailleries en Angleterre.... cela pourrait me gêner plus tard.... et puis la reine d'Étrurie a un fils... Voudriez-vous donc qu'un des miens fût en expectative de la mort d'un enfant!..

Changeant tout à coup la conversation : — Qu'est-ce, me demanda l'Empereur, que ce chevalier de Cornn? un homme de la vieille roche, sans doute?

— Sire, répondis-je, il appartient à une très-ancienne famille noble du Rouergue; il était chevalier de Malte et page de Louis XVI.

— Pauvre roi!

— Maintenant, il est au service du royaume d'Étrurie. Il a épousé la nièce du lord-évêque de Bristol.

— Allons, encore un de ces coureurs d'aventures qui ne sont quelque chose que hors de chez eux. Quoi! la reine d'Étrurie n'a pas trouvé mieux à m'envoyer!

— Sire, repris-je, c'est un honnête homme, mais un émigré, un étourdi qui, après une jeunesse scabreuse, a contracté un mariage inconvenant.

— Est-il possible que ces rois, que ces reines d'autrefois ne puissent employer que des gens tombés des nues ; n'a-t-on pas choisi celui-là pour pouvoir plus aisément l'avouer ou le démentir en cas de besoin. Cela ne me convient point. N'importe, je veux le voir ; vous me l'amènerez demain matin avant sept heures. Maintenant, allez vous reposer.

Cette conversation dont je ne me rappelle que les principaux traits, dura au moins une heure ; il était donc plus de deux heures du matin, quand je sortis du palais. Pensant au peu de temps qui me restait pour prévenir le chevalier, je ne pris pas même le temps de me déshabiller, et me rendis immédiatement à l'auberge où l'ancien premier page de Louis XVI dormait profondément. Mon apparition en grand costume, la voiture aux armes de l'empereur, la livrée de Sa Majesté, les quatre flambeaux qui, selon l'étiquette impériale, l'accompagnaient toujours, tout cela mit l'auberge sens dessus dessous.

Le maître de l'hôtellerie, espérant que je voulais un appartement, me conduisit au *piano nobile*, et se mit à me vanter les commodités de sa maison.

Je dus le détromper et lui dis qu'étant attaché à la personne de l'empereur, je logeais au palais; je lui fis part de l'objet de ma visite nocturne en m'excusant du dérangement dont j'étais la cause à cette heure.

Le bavard aubergiste se répandit en protestations de dévoûment et d'amour pour Sa Majesté sacrée[1]; j'insistai de nouveau pour qu'il allât réveiller le chevalier.

— Seigneur marchese, me dit-il, illustrissima excellenza, je doute que sa seigneurie le chevalier de Cornn nous entende, lors même

---

[1] J'ai vu une pétition d'un Italien à l'empereur, dans laquelle, après une incroyable énumération de titres, il finissait par l'appeler *Jésus-Christ*.

que je lui nommerais à deux reprises les plus belles femmes de Milan, car il a le sommeil dur; mais si vous m'autorisez à souffler seulement, dans la serrure, le nom éclatant de notre empereur, il aura le retentissement de la foudre, et vous verrez votre ami sur pied en moins de rien.

Cette fanfaronade m'amusa et je donnai plein pouvoir à l'aubergiste de s'y prendre comme il le voudrait pour réveiller le chevalier, pourvu qu'il le réveillât promptement. Il me laissa enfin seul dans une de ces grandes salles italiennes, ornées de peintures, et bientôt il revint accompagné du chevalier à peine habillé, encore tout endormi et cependant fort effrayé de mon apparition à cette heure indue.

Je le rassurai en lui disant l'ordre qui le concernait et que m'avait donné l'Empereur. Ensuite je me disposai à me retirer pour profiter au moins de quelques heures de sommeil. Mais lui : A cette heure, me dit-il, cela n'en vaut plus la peine; allons, mon cher, un retour de jeunesse. Mon hôte a dans sa cave d'excellent vin de Monte-Fiascone et de Lacryma-Christi; je vais lui dire de nous en monter quelques bouteilles avec des *paste frolle*[1], des jetons, des dés ou des cartes, et nous attendrons ainsi l'heure d'aller chez l'empereur en vrais fils de famille.

Je n'ai jamais aimé à boire, et le jeu ne m'a jamais paru qu'un insipide passe-temps; cependant j'acceptai la proposition du chevalier. Pour lui, il aurait joué sur les bourrelets du Vésuve en éruption. Il jouait parfaitement les jeux de commerce, mais en toute loyauté. Tantôt heureux, tantôt malheureux, et toujours prêt à hasarder tout ce qu'il avait, dix fois il s'était vu dans l'opulence et dix fois dans la misère. C'est à la suite d'une mauvaise veine un peu prolongée, qu'il s'était décidé à faire son sot mariage. Nous tînmes donc les cartes pendant quelques heures, et, après quelques alternatives, il se trouva heureusement que nous n'avions à peu près ni perdu, ni gagné, et c'est ce qui me convenait.

---

[1] Sorte de friandise dont on fait beaucoup à Milan.

Je n'avais point de toilette à faire, étant tout habillé de la veille; de Cornn ajusta la sienne, et, à six heures et demie, nous étions dans le salon de l'empereur, à attendre que Sa Majesté nous fît appeler. Il y avait déjà une affluence prodigieuse de courtisans, de seigneurs, de militaires, d'ecclésiastiques, d'étrangers. Tous attendaient, non dans l'espoir de parler au maître, mais de le voir passer pour aller à la cérémonie du couronnement; certes, aucun ne pensait que nous aurions sur eux l'avantage d'une audience particulière.

Ce fut, comme la veille au soir, M. de Beausset qui nous servit d'introducteur. Sur deux mots qu'il me dit, je le suivis et de Cornn après moi.

Notre surprise ne fut pas médiocre, lorsque nous nous trouvâmes en face de Napoléon, de le voir déjà revêtu de son costume du sacre. Ce n'était pas celui qu'il portait à Paris le jour de la cérémonie de Notre-Dame; la forme était la même, mais il y avait quelque différence dans les couleurs; le vert y dominait.

Je présentai de Cornn à Napoléon qui l'examina avec ce regard scrutateur qui lui faisait soudain déshabiller un homme et qui ne le trompait jamais. Après un coup d'œil rapide :

— Vous êtes émigré ? lui dit-il.

— Oui, Sire.

— Pourquoi ne vous êtes-vous pas fait rayer?

— C'est qu'ayant pris du service à la cour de sa majesté la reine d'Étrurie, dont les bontés sont ma seule ressource, ayant été ruiné par la révolution, j'ai craint, si j'obtenais ma radiation, de ne pouvoir servir à l'étranger.

— La reine, Marie-Louise, est notre fidèle alliée; je verrais au contraire avec plaisir des Français à son service; faites-vous réintégrer dans vos droits de citoyen; je l'exige, entendez-vous.

— Ah! Sire, un grade égal en France comblerait tous mes vœux.

— Égal, Monsieur, y songez-vous? Encore quelque temps, et je veux qu'un capitaine français marche l'égal d'un colonel étranger. Souverain des Français, je travaille à faire de mes sujets les monarques des autres nations.... Lord Bristol est votre beau-père?

— Il est mon oncle.

— Pauvre prélat! mon clergé est autrement régulier; il n'y en a pas de plus respectable au monde. Tous vos évêques anglais sont des objets de scandale par leur luxe désordonné, leur libertinage..... Ne vous parle-t-il jamais du besoin que les Anglais éprouvent de renouer des relations commerciales avec la France? Je suis prêt à m'entendre avec eux; qu'ils me fassent des propositions compatibles avec l'honneur de la grande nation que je représente.... Parlez à votre beau-père des avantages que retireraient d'une paix solide ceux qui auraient été appelés à la préparer; il a de l'esprit, lord Bristol, et des dettes malgré son immense fortune; vous n'êtes pas riche non plus; il dépend de lui de n'avoir plus de créanciers et d'assurer une belle existence à son gendre..... Au revoir, Messieurs, et il nous renvoya.

Dès que nous fûmes loin de la foule, je dis au chevalier :

— S'il ne vous a pas parlé de mariage, il vous a ouvert la porte à une négociation bien autrement importante.

— Mon ami, repartit de Cornn, il a fait de moi un second Tantale.

— Comment?

— Il m'a montré en perspective une fortune à laquelle je ne parviendrai jamais.

— Et pourquoi ?

— Lord Bristol exècre tellement l'empereur et son gouvernement, que, quand il tiendrait la paix générale dans sa main, il ne l'ouvrirait pas. Sa haine l'aveugle à un tel point, que je n'oserais pas même lui parler de la proposition de Napoléon.

— Quelle sottise! m'écriai-je; mais songez donc à la responsabilité que vous assumez sur vous.

— Je connais le pélerin, et toute offre qui lui viendra, même indirectement, de l'empereur, sera rejetée à l'instant même.

Je ne pouvais le croire, et j'insistai pour que de Cornn allât trouver son beau-père. Nous rîmes ensuite de l'affectation que Napoléon avait mise à refuser de le croire le neveu et non le fils d'adoption de l'évêque anglican. De Cornn se rendit à mes raisons, ayant lui-même le plus grand désir de voir réussir une pareille négociation. Je rapporterai bientôt ce qu'il me manda à ce sujet.

Cependant, le chevalier était un peu contrarié de la réponse qu'il avait à rapporter à sa souveraine. Celle-ci attendait son retour avec impatience ; aussitôt qu'elle le vit, elle lui demanda s'il y avait bonne ou mauvaise nouvelle. Le chevalier était trop galant et surtout trop gascon pour raconter la chose dans toute son exactitude ; aussi répondit-il à la question empressée de Marie-Louise, que la nouvelle dont il était porteur, était à la fois bonne et mauvaise. La reine lui ayant demandé l'explication de cette réponse un peu ambiguë :

— Madame, ajouta le chevalier, je veux dire qu'elle est mauvaise pour aujourd'hui, mais bonne pour plus tard; Napoléon ne veut point, quant à présent, se séparer de Joséphine; mais il m'a laissé entrevoir de la manière la plus claire, que, si un jour les circonstances lui permettent un divorce que désire l'empire entier, il viendra solliciter la main de votre majesté.

Il y avait presque de la folie dans cet incroyable rapport; toutefois la reine le prit au sérieux, tant nous sommes enclins à admettre tout ce qui flatte notre amour-propre. La reine vit en perspective la couronne impériale sur son front, et, dans sa satisfaction, elle nomma extraordinairement le chevalier maréchal-de-camp pour le récompenser du beau succès de sa mission.

Que dut penser la malheureuse princesse lorsque, peu de temps après, sa couronne lui fut enlevée pour annexer ses États à l'empire et en composer le gouvernement général de la Toscane, et lorsque enfin l'empereur épousa une autre Marie-Louise? Par bonheur pour le chevalier, il n'était plus à Florence à l'époque de ces événemens. Rentré en France, rayé de la liste des émigrés, il était venu se fixer à Toulouse où il avait une sœur établie. Ayant cherché inutilement à obtenir du service de l'empereur, il mourut, jeune encore, dans une campagne sur les bords de la Garonne, où il s'était retiré avec une femme de vertu équivoque ; la sienne, fille naturelle de lord Bristol, était morte avant lui ; je ne sais si la fille née de cet hymen vit encore.

Cependant Napoléon venait de partir pour la campagne d'Austerlitz lorsque je reçus du chevalier de Cornn la lettre que voici et que je n'ai jamais jugé à propos de mettre sous les yeux de sa majesté. Il aurait fallu attendre son retour, et alors il eût été plus qu'inutile d'augmenter le nombre des preuves de l'inimitié acharnée de l'Angleterre :

« MON CHER AMI,

« Je me suis occupé de la mission honorable que le plus grand homme du siècle m'a confiée. J'ai vu L... B... Je lui ai parlé, je peux dire, avec chaleur, avec la conviction que me donnait le désir de réussir ; sa réponse a été négative ; voici ses propres expressions :

« *L'Angleterre ne vivrait pas dix ans, si elle restait cinq ans en paix avec la France; pour rester ce qu'elle est, pour ne pas déchoir, elle doit fonder une guerre viagère sur la tête de Bonaparte; jugez, mon cher neveu, maintenant, si vous ou moi serions bien venus à lui proposer la paix.*

« Je vous sauve, mon cher comte, les bavardages d'un vieillard haineux et sans titres; d'ailleurs, la circonstance n'est pas favorable; les Anglais sont parvenus à former une troisième coalition; l'Autriche marche contre *vous autres;* elle a mis à la tête de ses armées un général habile, courageux, intrépide, qui saura vaincre Napoléon. Je crains pour celui-ci l'ascendant du baron de Mack, l'un des plus habiles hommes de guerre qui existent. L'Europe pense unanimement qu'il triomphera dans cette lutte nouvelle.

« C'est de Toulouse que je vous écris, j'y suis avec la famille de ma sœur. J'ai cinq neveux de la plus belle venue dont je voudrais faire quelque chose; certainement je demanderai pour eux les faveurs de Napoléon, si l'étoile du fameux

Mack n'éclipse pas celle de ce grand capitaine.

« Peut-être serez-vous bien aise d'avoir des notions certaines sur cet habile homme de guerre au moment surtout où il se mesure avec tant d'avantage — il n'avait encore rien fait — avec votre empereur; je l'ai beaucoup connu; ce que je vous en dirai sera exact.

« Charles de Mack, originaire du Margraviat d'Anspach, est né en 1732 à Neuflingen, en Franconie; son père, roturier et pauvre, tenait une petite auberge dans cette ville où le futur héros a vu le jour. Un curé, qui voulait du bien à sa famille, se chargea d'élever le jeune Charles Mack; ses parens secondèrent le bon ecclésiastique; il en résulta pour lui une éducation complète. Entré au service autrichien comme simple soldat, son mérite lui fit faire, pendant la guerre des Turcs, un chemin rapide; le général Landon au lit de mort le présenta à l'empereur en lui disant :

« Sire, je vous laisse un homme qui vaudra mieux que moi; c'est le major Mack. Celui-ci, en 1793, devint quartier-maître-général de l'armée du prince de Saxe-Cobourg. On lui doit le passage de la Roër, la levée du siége de Maëstricht et la bataille de Newied; il négocia avec Dumourier, fut blessé à Famars, tomba en une espèce de disgrace, et eut pour successeur le prince de Hohenlohe. L'empereur l'envoya, en février 1794, à Londres; on lui fit un accueil distingué; il y régla le plan de la campagne. Il reçut du roi Georges III une épée enrichie de diamans, et retourna combattre. Pichégru déconcerta ses projets. Mack ne fut pas heureux. En 1798, il eut la mission d'aller organiser et de commander l'armée napolitaine. Ici encore, il éprouva des revers à cause de la lâcheté de ses soldats; il entama des négociations pour sauver l'honneur du roi de Naples. On en fit une trahison. Les soldats vinrent pour l'assassiner; il dut alors chercher un asile dans le camp des Français. Au 18 brumaire il était à Paris. Le 15 avril 1800, une demoiselle, nommée Louise, favorisa sa fuite; il gagna sans malencontre les avant-postes autrichiens. En 1804, on lui a donné le commandement de toutes les troupes réunies en Tyrol, en Dalmatie et en Italie. Cette présente année, 1805, il est entré au conseil de guerre, et il commande maintenant l'armée de Bavière. On compte beaucoup sur ses talens et sur son expérience.

« Adieu, mon cher ami ; puissent ces détails vous être agréables. Les partisans des Bourbons, très-nombreux à Toulouse, ne doutent pas que le général Mack ne leur ramène cette famille chérie.

« Je vous embrasse de tout mon cœur.

« CH. DE CORNN. »

Le chevalier se trompait ; je dirai au tome second le résultat des jactances de Mack ; celui-ci se retira en Bohême dans une de ses terres où il mourut.

FIN DU PREMIER VOLUME.

Publications nouvelles.

MÉMOIRES

DE M. LE VICOMTE DE LAROCHEFOUCAULD
— DE 1814 A 1836 —

2 vol. in-8°.

TERRE ET CIEL,

HISTOIRE DU MONDE

PAR

A. DELAFORÊT;

2 vol. in-8°.

THÉATRE MODERNE,

COURS DE LITTÉRATURE DRAMATIQUE;
— DE 1822 A 1836 —

POUR FAIRE SUITE A LA HARPE ET A GEOFFROY;

2 vol. in-8.

VEILLÉES DE FAMILLE,

SOUS LA DIRECTION

DE

MM. MICHAUD ET NODIER;

12 livraisons. — 6 fr. par an.

www.ingramcontent.com/pod-product-compliance
Lightning Source LLC
Chambersburg PA
CBHW050755170426
43202CB00013B/2430